TRAJETÓRIAS COMPARTILHADAS DE UM EDUCADOR DE JOVENS E ADULTOS

Coleção Estudos em EJA

Leôncio Soares

TRAJETÓRIAS COMPARTILHADAS DE UM EDUCADOR DE JOVENS E ADULTOS

1ª edição
1ª reimpressão

autêntica

Copyright © 2019 Leôncio Soares
Copyright © 2019 Autêntica Editora

Todos os direitos reservados pela Autêntica Editora. Nenhuma parte desta publicação poderá ser reproduzida, seja por meios mecânicos, eletrônicos, seja via cópia xerográfica, sem a autorização prévia da Editora.

COORDENADOR DA COLEÇÃO ESTUDOS EM EJA
Leôncio Soares

EDITORAS RESPONSÁVEIS
Rejane Dias
Cecília Martins

REVISÃO
Samira Vilela

CAPA
Alberto Bittencourt (Sobre ilustração de Angga Dwi Iriyanto/Shutterstock)

DIAGRAMAÇÃO
Larissa Carvalho Mazzoni

Dados Internacionais de Catalogação na Publicação (CIP)
(Câmara Brasileira do Livro, SP, Brasil)

Soares, Leôncio
   Trajetórias compartilhadas de um educador de jovens e adultos / Leôncio Soares -- 1. ed.; 1. reimp. -- Belo Horizonte : Autêntica Editora, 2019 -- (Coleção Estudos em EJA).

   Bibliografia.
   ISBN 978-85-513-0448-8

   1. Educação de Jovens e Adultos 2. Educadores - Brasil 3. Ensino - Pesquisa 4. Pesquisa educacional 5. Professores - Formação 6. Sociologia educacional I. Título. II. Série.

18-21832   CDD-374.007

Índices para catálogo sistemático:
1. Educação de jovens e adultos : Formação de professores 374.007

Maria Paula C. Riyuzo - Bibliotecária - CRB-8/7639

Belo Horizonte
Rua Carlos Turner, 420
Silveira . 31140-520
Belo Horizonte . MG
Tel.: (55 31) 3465 4500

São Paulo
Av. Paulista, 2.073, Conjunto Nacional, Horsa I
23º andar . Conj. 2310-2312 . Cerqueira César
01311-940 . São Paulo . SP
Tel.: (55 11) 3034 4468

www.grupoautentica.com.br

Sumário

7 Prefácio

9 Introdução

13 Os primeiros anos de socialização/formação: escola e cidade

19 Outros espaços formativos: o despertar para o processo educativo
20 A escolha das ciências humanas como prosseguimento da formação
25 A inserção no mundo do trabalho
29 A imersão na periferia do mundo
34 O encontro com a Faculdade de Educação
38 O desvendar da Educação de Adultos
44 A Educação de Adultos na UFMG
49 O mestrado na UFMG: introdução à pesquisa sistematizada
55 O doutorado na USP: história e política da Educação de Jovens e Adultos

59 A atuação como professor e pesquisador na UFMG
59 Professor da Educação Básica
62 O ingresso na Faculdade de Educação
63 O ensino na graduação
66 Orientações e pesquisas na pós-graduação
71 Orientações na pós-graduação
75 Atividades de pesquisa
87 Grupos de pesquisa e as atividades de extensão
93 Atuação como parecerista e editor de periódicos especializados, agências de fomento, congressos e livros
96 Gestão e participações em colegiados

101 A experiência internacional no pós-doutorado em Illinois

105 Outras dimensões de atuação no campo da EJA
105 Seminário Universidade e Educação Popular
106 Seminário Internacional no Memorial da América Latina
107 Conferência Internacional de Educação de Adultos (Confintea)
    107 V Confintea
    114 VI Confintea
116 Seminário Nacional de Formação
119 Os fóruns de EJA
122 Os Eneja
126 A EJA na ANPEd
128 A EJA no XV Encontro Nacional de Didática e Prática de Ensino (Endipe)

129 Próximos desafios
133 Referências

Prefácio

A ideia de publicar este texto surgiu durante a escrita do memorial que apresentei como requisito ao concurso de professor titular na Faculdade de Educação da Universidade Federal de Minas Gerais. O retorno de alguns colegas[1] que haviam lido os rascunhos me incentivou a pensar em uma publicação após o ritual da defesa. Entre outros comentários, diziam do significado que poderia ter para a leitura dos estudantes universitários na medida em que a escolha pela educação acontece em meio ao preparo acadêmico na universidade associado à participação social. Mergulhei fundo no que havia vivido na juventude. A sessão de defesa foi um instigante momento de trabalho, e procurei incorporar ao texto comentários e sugestões apresentadas

---

[1] Agradeço aos colegas que tiveram a disponibilidade e o cuidado ao ler o texto do memorial em construção e que, com isso, me despertaram para a concretização deste livro: Ana Maria de Oliveira Galvão, Artur Morais, Marcus Taborda e Fernanda Rodrigues Silva.

pelos membros da banca.[2] Outro fator que contribuiu para essa decisão foi a procura contínua, por parte de colegas do ensino superior, por textos apresentados em sessões de defesa de professor titular. Desde 2013, a carreira dos docentes nas instituições de ensino superior passou a estimular o acesso à classe de professor titular e, com isso, cresceu o interesse pela leitura de textos em formato de memorial para fins de promoção. Um terceiro aspecto se refere ao modo como a minha trajetória se mescla com a construção do campo da educação de jovens e adultos no Brasil nas últimas décadas.

---

[2] Meus agradecimentos aos professores Osmar Fávero, Miguel Arroyo, Eliane Dayse Furtado e Bruno Pucci, pela leitura cuidadosa e pelo diálogo estabelecido durante a apresentação do memorial.

Introdução

Escrever este texto foi uma experiência prazerosa de revisitar o passado até aqui. Inicialmente, de forma cronológica, evoquei os momentos mais significativos que vinham à mente segundo os ciclos da vida: infância, juventude e vida adulta. Em seguida, buscando fazer uma anamnese, procurei escarafunchar a memória para encontrar aquilo que se encontrava arquivado no pensamento.

Tive García Márquez como um dos grandes inspiradores para que este inventário fosse aqui registrado. Ao escrever *Viver para contar* (2003), ele selecionou acontecimentos, pessoas e lugares que, ao serem narrados, foram construindo o enredo de sua vida. Em certa passagem do livro, o autor descreve uma viagem de ônibus na qual esteve conversando por cerca de duas horas com um jovem. Quando o jovem desceu, como em uma descoberta inusitada, García Márquez nos conta surpreso que, na conversa travada com o rapaz, contou-lhe várias experiências vividas ao longo dos anos, e que aquele, ao contrário, falou-lhe dos muitos projetos que tinha em mente para serem vividos.

Ao escriturar este inventário, ao exercitar a seleção dos fatos analisando os vestígios e os rastros de minha história, desenhei uma cartologia que é uma produção de mim. Provavelmente, ao fazer uma reminiscência e me deparar com acontecimentos que estavam esquecidos no fundo do baú, devo ter feito escolhas que justifiquem o porquê de ter trazido alguns à baila e mantido outros no esquecimento.

A opção por escrever este texto advém do interesse em (re)visitar o caminho trilhado observando os elementos teórico-metodológicos que foram emergindo no percurso, particularmente em relação ao campo de conhecimento em que tenho construído a minha trajetória: a Educação de Jovens e Adultos (EJA). Foi objetivo do memorial, nesse sentido, perceber quais conceitos foram ressignificados e quais passos foram se redefinindo. Há certa tendência – por parte de alguns pesquisadores – de fazer uma reflexão sobre sua produção, uma pausa para pensar a respeito do que já se fez. Cito aqui as publicações *Metamemória* (2001), de Magda Soares; *Itinerário de leitura de um sociólogo da educação* (1991), de André Petitat; e *A educação popular na escola cidadã* (2002), de Carlos Brandão, nas quais os autores se dedicaram ao exercício do "pensar sobre" o que escreveram. Florestan Fernandes (1977) também é uma inspiração por sua trajetória de vida. Por isso o interesse em ver novamente, em revisitar o que se fez, observando o que se passava ao lado na história. Espero que a (re)construção dessa trajetória possa contribuir, de algum modo, para os estudos do registro e da memória da constituição do campo da EJA no Brasil.

Organizei o texto em cinco partes. Primeiramente reconstruo os primeiros anos de minha formação, destacando as instâncias mais significativas nesse processo, como a escola e a cidade. Depois focalizo outros espaços formativos, como os movimentos sociais, os grupos da Igreja Católica, as produções culturais da época, os cursos de graduação, mestrado, doutorado e as primeiras experiências profissionais, particularmente na área de educação e na EJA. A seguir, dedico-me à análise de minha atuação como professor e pesquisador na UFMG, inicialmente na educação básica e, mais tarde, na graduação e na pós-graduação. Posteriormente, relato a minha atuação em outras universidades, nas condições de professor visitante e de pós-doutorando. Por fim, revisito elementos de minha trajetória que julgo importantes no próprio processo de configuração do campo da EJA no Brasil.

Procurei desenvolver neste texto as minhas trajetórias pessoal e acadêmica, nas quais fui me constituindo professor e pesquisador. Muitas vezes, essas trajetórias estão entrelaçadas aos contextos social, econômico, político e cultural do país e ao próprio processo de constituição da EJA. Dado o longo período, optei por um desenho cronológico, com pausas para aprofundamentos nas etapas que considerei mais relevantes.

Os primeiros anos de socialização/ formação: escola e cidade

Faço parte da geração que viveu a juventude em um momento em que a sociedade foi silenciada pela ditadura militar. Festejei, nas ruas, o tricampeonato mundial de futebol, conquistado no México, sem ter muita noção do que se passava nos bastidores da política no Brasil. Cantava sem ter noção – *Eu te amo meu Brasil, eu te amo, meu coração é verde, amarelo, branco, azul-anil.*[3] Só quando li *O que é isso, companheiro?* (1979),[4] de Fernando Gabeira, pude compreender que, enquanto uns se divertiam, outros eram barbaramente torturados nos quartéis. Lembro-me muito bem quando, em um clube esportivo, ouvi pela primeira vez "Pra não dizer que não falei das flores",[5] de

---

[3] A música "Eu te amo, meu Brasil", composta por Dom & Ravel e gravada pelo conjunto Os Incríveis, tinha o tom ufanista e foi muito utilizada pelo governo militar em eventos cívicos.

[4] O livro foi lançado em 1979; nele, Gabeira procurou compreender os sentidos de suas experiências.

[5] Lançada em 1968, a música teve sua execução proibida durante anos, após se tornar um hino de resistência do movimento civil e estudantil que fazia oposição à ditadura militar.

Geraldo Vandré. Estava com minha turma de escola em uma quadra de esportes e, ao nosso lado, uns rapazes mais velhos passavam, de ouvido a ouvido, um antigo gravador Philips com a música que fora proibida de tocar nas estações de rádio. Ficamos interessados em saber o que de tão misterioso eles escutavam de forma velada.

A formação que eu tinha na escola não abordava temas sociais e, quando eles surgiam, eram para ressaltar a tranquilidade em que o país vivia. Recordo-me de uma aula de ciências em que um comboio do exército passou pela rua da escola, e o professor convidou-nos a olhar pela janela aquela demonstração de "tranquilidade". Ele dizia que ocorrera uma revolução inédita, sem derramamento de sangue, e que o país seguia em paz. Anos mais tarde, li a narrativa do que se passou nos anos 1970 no livro *Sangue de Coca-Cola* (2004),[6] de Roberto Drummond.

Vivi momentos contraditórios na juventude. Cursei o antigo primário e o ginasial em uma mesma escola pública de São Paulo. Durante os oito anos de escolaridade, quase não tenho registro de ter tido minha curiosidade aguçada. Havia uma ausência generalizada de discussão e debates em sala, e o centro cívico existente na escola era para apresentação de rituais do calendário escolar. Lembro-me de estar submetido a uma disciplina rigorosa e da imagem do professor de educação física, que fazia questão de nos impor um comportamento exemplar com exercícios pesados em caso de insubordinação ou brincadeiras. Tive aulas de educação moral e cívica, cujo conteúdo era conhecer e aprender a cantar os hinos – como o Hino Nacional Brasileiro, o Hino da Independência, o Hino da Proclamação da República e o Hino da Bandeira. Problematizar as letras dos hinos, explorar alguma contradição entre o que

---

[6] Publicada em 2004, a obra apresenta um romance instigante que trata da realidade brasileira durante a ditadura militar, misturando realidade e ficção.

se cantava e a realidade que vivíamos, foram processos que somente mais tarde eu iria aprender.

Tenho em mente que, nos arredores onde eu morava, além do pequeno comércio conhecido tradicionalmente, formado por bazares, vendas, empórios, açougues, bares e padarias, havia salões de beleza, igrejas protestantes, cursos de datilografia e uma sala de curso supletivo. A curiosidade de entender o que se passava naquele espaço comercial pequeno, cheio de carteiras, com um quadro negro à frente e, na entrada, um biombo e cartazes com os dizeres do curso, e, principalmente a palavra escrita na placa – SUPLETIVO –, aguçava o meu interesse sobre de que ele se tratava.

Era um tempo de negação do direito dos adultos à educação. Quem precisasse, desejasse ou se interessasse em continuar os estudos, teria de pagar por isso. Mal sabia eu que, bem mais tarde, iria me dedicar a trabalhar exatamente com aqueles sujeitos que, tendo interrompido ou sendo excluídos dos estudos na juventude, voltavam às escolas em busca de conhecimento e escolarização.

Dos oito anos de escolaridade, uma experiência me marcou muito. Tínhamos o professor de educação artística, Luiz Carlos, que propunha experiências diferenciadas em suas aulas. Alguns colegas eram indiferentes e até reclamavam das propostas desafiadoras que ele fazia. Outros achavam aquela aula distinta das demais, pois éramos levados a experimentar, a ousar, a criar sem ter de acompanhar o que os livros traziam. Em uma dessas aulas, fomos trabalhar com folha de papel almaço, tinta nanquim e água. A atividade consistia em fazer qualquer desenho na folha utilizando o nanquim e, em seguida, molhá-la com água. À medida que a água ia se espalhando na folha, o desenho ia sendo alterado a ponto de ganhar novas formas diferentes da ideia original. Para alguns, isso não fazia o menor sentido, não passava de uma tarefa com certa bagunça na sala. Para outros, o fato de o desenho proporcionar o surgimento de novas imagens, outras formas, muitas delas abstratas, produzia uma sensação ainda não vivida de criação original, sem ser copiada.

O professor Luiz Carlos propôs a um grupo frequentar um curso de Artes em uma reconhecida escola paulista, a Fundação Armando Álvares Penteado (Faap),[7] onde ele também lecionava. Por que essa experiência marcou profundamente a minha adolescência? Éramos estudantes de uma escola pública em um bairro distante, na zona norte de São Paulo, e ter que se deslocar uma vez por semana para uma região do outro lado da cidade, em um bairro de classes média e média alta, como é o Pacaembu, já seria uma aventura social. Eram visíveis as marcas que carregávamos pela nossa origem de classe popular. Não tenho lembranças de ter vivido situações de preconceito, mas muito provavelmente elas ocorreram.

O curso era diferente de tudo que eu já havia experienciado. No início de cada sessão era apresentada uma proposta de arte a ser trabalhada. O curso previa atividades distintas em cada uma das sessões, que eram ministradas por diferentes professores. Recordo-me do cuidado que alguns tinham de saber se todos os alunos haviam entendido o que era para fazer. Em seguida, sempre em grupo, pegávamos o material de artes que estava disponível com certa fartura e trabalhávamos a ideia a ser apresentada. Lembro-me das diferenças que havia entre nossas roupas, nossa linguagem, o modo de estar naquele ambiente e a liberdade para falar, sugerir, discordar e discutir cada trabalho. Nosso grupo era mais tímido, mais calado, menos ousado, mais "obediente", "comportado" – afinal, estávamos em terras alheias. Somente mais tarde fui entender os contrastes sociais que ali estavam presentes.

---

[7] É uma instituição paulista renomada, de caráter filantrópico, fundada em 1947, que investe em cultura por meio do Museu de Arte Brasileira, do Teatro e da Biblioteca.

O ponto que mais me marcou foi a experiência de, após cada apresentação, o grupo ter de avaliar o próprio trabalho. Aquela foi uma novidade muito grande para nós que, até então, só tínhamos a experiência de sermos avaliados por nossos professores. Os docentes da Faap perguntavam se tínhamos conseguido atingir o que havíamos pensado durante a elaboração do trabalho ou se alteraríamos/acrescentaríamos algo depois de apresentado. Sem ter muita noção naquele momento, fui compreender mais tarde que, talvez, aquela tenha sido minha primeira experiência de pensar, refletir sobre a prática, avaliá-la e refazê-la se necessário ou desejado. Posteriormente fui entender que ali estavam expostos alguns ingredientes que auxiliariam na passagem da consciência ingênua para a consciência crítica, conceitualmente desenvolvida por Paulo Freire (1979).

Ao escrever este texto quero homenagear, em nome do professor Luiz Carlos – que não tenho ideia de por onde anda –, todos aqueles e aquelas que, no exercício do magistério, contribuíram para despertar a curiosidade, o senso crítico, o experimentar e o ousar durante nossos anos de escola básica em pleno regime ditatorial. Vejo que foi em uma experiência fora da escola onde eu estudava, diferente dos conteúdos escolares tradicionais, como o ensino da língua, da matemática, das ciências naturais, da geografia e da história, que senti minha criatividade sendo aguçada para pensar, sentir e fazer além da realidade que se fazia presente.

Nesse período, participei do surgimento dos movimentos de jovens na igreja católica. No entanto, a linha seguida na paróquia que eu frequentava não se diferenciava do ambiente da escola. A experiência na igreja possibilitou encontros, jogos e horas dançantes no espaço disponibilizado para a juventude do bairro. Somente alguns anos mais tarde eu conheceria e me tornaria participante ativo de uma igreja que, identificada à teologia da libertação, fez, no contexto da América Latina, a "opção preferencial pelos pobres", como desenvolverei em outro momento deste texto. Vivenciar tudo isso em um período de transição, tanto físico – como a passagem da minha adolescência – quanto político e educacional – a busca pela liberdade de pensar, falar e se posicionar nos "anos de chumbo", que reverberavam no sistema educacional através da obediência às regras do silêncio e do ensino de conteúdos escolares tradicionais que, muitas vezes, obrigava-nos a decorar matérias sem o seu real entendimento –, proporcionou-me o desejo, na juventude e na fase adulta, de democratizar a educação. Para isso, me vali posteriormente dos recursos propiciados pelo fim da ditadura por meio de uma política democrática que, com o término da censura, ampliou e favoreceu o acesso à educação de qualidade para a população.

Outros espaços formativos: o despertar para o processo educativo

*O tempo em que eu não estava escolarizando-me na escola,
eu estava educando-me no mundo.*
Paulo Freire

Com a morte de meu pai, retornamos à terra natal, Belo Horizonte, onde passei a cursar, como bolsista, o antigo 2º grau noturno, atual ensino médio, em uma escola filantrópica. Os três anos de escolaridade também não deixaram marcas no que se refere ao despertar do senso crítico. Os professores procuravam seguir os livros didáticos sem que o cotidiano da cidade e do país entrasse na escola. Porém, se em São Paulo não havia sido possível participar de movimentos com um olhar mais crítico sobre a nossa realidade, em Belo Horizonte eu descobri um movimento[8] intenso, que agregava jovens em um processo de socialização e de formação de lideranças.

O surgimento de movimentos de juventude no interior da igreja católica foi um marco naquele período. O Encontro dos Bispos da América Latina em Puebla, em 1979, que referendou

---

[8] Havia nessa época, entre outros, o CJC (Curso de Juventude Cristã), sob a liderança do Padre Inácio Perez, o TLC (Treinamento de Liderança Cristã), o Shallon e o Emaús.

a opção preferencial pelos pobres em Medellín, 1968, legitimou a eclosão das Comunidades Eclesiais de Base (CEB), nas quais os leigos passaram a organizar uma nova maneira de participar. Baseado no método *ver, julgar e agir* (BORAN, 1983), o ciclo se reunia e fazia uma leitura de algo da vida cotidiana. Em seguida, um trecho da bíblia era lido para avaliar aquela situação. Por último, o agir se referia à tomada de posição e a alguma ação possível.

Agora sim iniciava-se um processo de inquietação com as injustiças sociais. É desse período, meados da década de 1970, que me percebo tomando iniciativas de conhecer nossa realidade. Inicialmente, participar das reuniões de vários grupos de jovens possibilitou-me ver de perto a realidade de bairros e periferias de Belo Horizonte.

No movimento de circulação pela cidade, a primeira peça de teatro de cunho social a que assisti foi *Um inimigo do povo*,[9] de Ibsen, na Associação Mineira de Imprensa. Fiquei tão impressionado com o texto que a assisti mais duas vezes. Em uma atitude de busca, de ir além do que estava mais próximo, fui com amigos a São Paulo para assistir à peça *Ponto de partida*, de Sérgio Ricardo e Gianfrancesco Guarnieri, como forma de despertar nossa consciência para a realidade social. Fomos também ao Rio assistir à *Gota d´água*,[10] de Chico Buarque e Paulo Pontes, e à *Ópera do malandro*, escrita por Chico Buarque em 1978.

A escolha das ciências humanas como prosseguimento da formação

Outro mundo se descortinou quando me tornei estudante universitário. No segundo semestre de 1976, ingressei no

---

[9] *Um inimigo do povo* é uma peça de teatro escrita pelo dramaturgo norueguês Henrik Ibsen em 1882.

[10] Peça teatral escrita em 1975 por Chico Buarque e Paulo Pontes e publicada em livro pela Civilização Brasileira no mesmo ano.

curso de Letras, que funcionava no antigo prédio da Faculdade de Filosofia e Ciências Humanas da Universidade Federal de Minas Gerais (Fafich/UFMG), palco de manifestações históricas durante o regime militar. De chegada, participei da vigília em prol da realização do III Encontro Nacional de Estudantes (ENE) e da reconstrução da União Nacional dos Estudantes (UNE). Na véspera, o então presidente da República, General Ernesto Geisel, havia proibido a realização do evento pelos estudantes. Assim, a estratégia foi ocupar o Diretório Acadêmico (DA) da Faculdade de Medicina para garantir o espaço para a realização do encontro no dia seguinte. Como represália, o exército sitiou a universidade e, em ação negociada com o reitor Eduardo Cisalpino, levou todos os estudantes em comboio até o Ginásio da Gameleira para sermos fotografados e fichados.[11]

Ouvir Chico Buarque cantar "Meu caro amigo" passou a ter sentido:

> Aqui na terra tão jogando futebol
> Tem muito samba, muito choro e *rock'n'roll*
> Uns dias chovem, noutros dias bate o sol
> Mas o que eu quero é lhe dizer que a coisa aqui tá preta.

Assim, fui tomando maior consciência do que estava acontecendo no nosso país. Diferentemente da escolarização básica, a atmosfera na universidade era outra. Com frequência, os professores abordavam a temática da desigualdade e da injustiça social. Datam desse período meus primeiros cursos, com aprofundamento teórico, associados à realidade social. Posso citar aqui algumas dessas experiências, como a leitura de *Maíra* (1976), de Darcy Ribeiro, realizada com a professora Maria Luiza Ramos na disciplina Teoria da Obra Literária.

---

[11] No ano seguinte, em 1977, a tentativa de realização do III ENE na PUC-SP levou à invasão daquela universidade por tropas do exército, com o saldo de muitos estudantes feridos.

Também com ela aprendi a apreciar Carlos Drummond de Andrade: como "viajamos" ao tentar interpretar que pedra era aquela que tinha no meio do caminho!

Outro momento rico do curso foram as leituras do teatro de Gil Vicente com o professor Ítalo Mudado. Lemos, debatemos exaustivamente e assistimos à montagem de *Auto da Barca do Inferno*.[12]

Também foi nesse período que descobri as diferenças entre a língua erudita e a popular. Com o professor Tarcísio Ferreira, estudamos textos escritos na língua padrão e textos em linguagem popular escritos por pessoas consideradas com pouca escolarização. Naquele momento, fazíamos relação entre textos clássicos e composições de Adoniran Barbosa, como "Saudosa maloca".

Muitas eram as vezes que estudantes passavam de sala em sala convidando todos para o saguão da Fafich, onde ocorriam assembleias estudantis. Não demorou muito e, como em outras partes, o movimento ganhou as ruas do país. A cada manifestação que era reprimida, nas quais estudantes eram feridos ou presos, outras se seguiam com mais intensidade.

Nessa época, o movimento estudantil desempenhou um papel de destaque na luta contra a repressão e a censura, manifestando-se pelo fim da ditadura e a favor das liberdades democráticas. Em meio a essa efervescência político-social, tive a oportunidade de ampliar minha visão de mundo assistindo ao circuito universitário de shows e teatros no Diretório Central dos Estudantes (DCE) da UFMG, que contou com atrações como *Arena conta Zumbi*, peça de Gianfrancesco Guarnieri, e Mercedes Sosa e o Grupo Tarancón cantando músicas latino-americanas de Victor Jara e Violeta Parra.

---

[12] *O Auto da Barca do Inferno* foi apresentado pela primeira vez em 1957 e faz parte da trilogia das Barcas, ao lado do *Auto da Barca do Purgatório* e do *Auto da Barca da Glória*.

A música "Upa, neguinho", de Edu Lobo e Guarnieri, eternizada na voz de Elis Regina, ao relacionar a situação de grande parte dos brasileiros naquele período à vida na senzala, no tempo da escravidão, transmitia a indignação e a revolta com a mesma falta de liberdade:

> Capoeira, posso ensinar
> Ziquizira, posso tirar
> Valentia, posso emprestar
> Mas liberdade, só posso esperar

Outra iniciativa que muito contribuiu para me introduzir nas discussões sobre os temas daquele momento foi o surgimento de um grupo de universitários cujo objetivo era realizar estudos. Periodicamente, nos reuníamos na sede da CNBB-Leste e nos identificávamos como estudantes cristãos que, ao fazer uma análise da realidade brasileira, buscavam formas de contribuir para a alteração do quadro social e político.

Iniciamos as leituras pela Declaração Universal dos Direitos Humanos. Por estarmos em um período de suspensão dos direitos políticos e sociais, era evidente o quanto essa declaração se contrapunha às proibições impostas. Era considerada, por alguns, uma leitura subversiva e perigosa. A leitura do texto nos possibilitava ter a consciência do quanto a sociedade brasileira estava sendo privada de direitos básicos, como o direito à vida, a se expressar, a se manifestar e a se reunir.

Perguntávamos: a quem interessava manter aquele clima de silenciamento da sociedade? Que interesses estavam em jogo? Por que tamanha desigualdade social entre os que muito possuíam e tudo podiam e aqueles que quase nada tinham e nada podiam? A prevalência de uma classe dirigente que se mantinha no poder a todo custo, em defesa de seus interesses, já evidenciava a injustiça social da nossa sociedade. Lembro-me dos temores que tínhamos: ao sair do prédio onde era a sede da CNBB, nos sentíamos amedrontados, com a sensação de sermos perseguidos pelos agentes da repressão.

Foi querendo entender como chegamos àquela situação e os distintos momentos de nossa história que passamos a ler *Brasil: de Getúlio a Castelo* (1975), livro do renomado brasilianista Thomas Skidmore. Recordo-me do nível de interesse que tínhamos em saber o que não sabíamos. Era uma "sede" insaciável por querer entender. Havíamos estudado história na escola durante anos, e, no entanto, pouco sabíamos sobre o que havia acontecido no Brasil nas décadas de 1930 a 1960. Entre nós, alguns haviam realizado leituras além dos conteúdos escolares, o que contribuía para acrescentar e até criticar o que o livro de Skidmore trazia.

Das atividades de leitura desse grupo, mencionaria ainda as discussões que fizemos da vasta produção de Carlos Mesters para as Comunidades Eclesiais de Base. Mesters é padre carmelita e conhecido teólogo que muito contribuiu com a fundamentação e divulgação, em linguagem popular, da teologia da libertação. Com base no método *ver, julgar e agir,* ele produziu pequenos livros para serem trabalhados em cada encontro, no qual se introduzia uma passagem da vida cotidiana (VER). Em seguida, fazia-se uma reflexão crítica tendo como referência um trecho escolhido da bíblia (JULGAR). Por fim, o grupo procurava entender como contribuir para solucionar aquela problemática apresentada (AGIR).

Assim, Brandão escreveu sobre as atividades da Igreja Católica nesse período de nossa história:

> Todos nos lembramos como, durante o período entre 64 e hoje, a Igreja Católica converteu algumas de suas frentes em aliadas e mediadoras de comunidades e grupos populares articulados: nas periferias, nos povoados, nos sertões. Certamente, não foi a única a fazê-lo e nem o fez do mesmo modo em todos os lugares, durante todo o tempo. Mas foi uma das instituições que mais definidamente pôde assumir uma fração da tarefa de "estar com o

povo" durante os anos mais malditos da repressão. Num primeiro momento, ela usou a *sua palavra* em serviço dos subalternos. Foi o momento em que, buscando espaços de aliança com o povo e clareando o teor político-pastoral deste espaço de trocas, a Igreja se reconhecia como possuidora de uma "palavra de libertação". Possuía os sujeitos, as redes e as estruturas de reprodução desta palavra (bispos, padres, outros agentes de pastoral, grupos de evangelho, círculos bíblicos, comunidades eclesiais de base). Possuía o instrumental mínimo de difusão desta palavra, dos lugares paroquiais e coletivos de reuniões populares, aos boletins, volantes, folhetos, jornais, revistas e livros. Num segundo momento – de que hoje assistimos começos e desdobramentos aqui e ali – a Igreja aprendeu a dar um outro sentido à sua prática pastoral de mediação e compromisso popular. Ela passou a usar seus instrumentos e meios para apreender e reproduzir pelo mesmo uma parte da própria palavra do povo. Misturou, a partir de então, documentos, como os que bispos de vanguarda, comunidades eclesiais e a própria CNBB colocam nas ruas de tempos em tempos, com as falas, as mensagens, as músicas e tudo o mais que se fazia ouvir nas comunidades populares, em tempos de paz ou de luta (1982, p. 182-183).

Nossas leituras prosseguiram com Gustavo Gutierrez e Leonardo Boff buscando entender a teologia da libertação.

Se até os 15 anos a vivência em família, na escola, na igreja e no bairro não se diferenciava muito do cotidiano das pessoas que estavam ao redor, o mesmo não pode ser dito do período seguinte, quando o contato com outra forma de viver a igreja e a entrada na universidade marcaram o início de um engajamento social e político.

A inserção no mundo do trabalho

Enquanto a sociedade, alicerçada em grupos de base, resistia aos poucos ao regime de exceção imposto ao país, um movimento emergia trazendo novos atores ao cenário social e político. Com as manifestações contra o regime tornando-se cada vez mais frequentes, era impossível observá-las de longe sem se envolver. Tratava-se de uma transformação histórica que estava prestes a acontecer: o fim da ditadura. Invadia-me uma inquietação terrível, não queria ficar de fora dos acontecimentos.

No início do curso de Letras, eu trabalhava como desenhista projetista em uma fábrica de estruturas metálicas, e me incomodava passar o dia "preso" à prancheta. Aquele tempo foi se tornando uma tortura. Quando ouvia ou via alguma notícia pela TV, relacionada ao que ocorria na sociedade brasileira, queria sair da fábrica e estar lá, participando daquele momento, sentindo-me fazendo história, nem que fosse como mais uma voz que bradava. Mas esse dilema não era fácil de ser solucionado. Como afirma Brandão:

> Mais do que pela escola, a luta dos jovens dos bairros operários é por um emprego, um trabalho que os arranque de uma situação de "biscate" e os torne plenamente empregados: fichados. Este é o momento em que, cedo em muitos casos, o rapaz ou a moça se reconhece como trabalhadores que ainda estudam, mais do que como estudantes que já trabalham. A partir de então é o trabalho que determinará o destino da vida e não a escola (1985, p. 121-122).

Desde a morte de meu pai, senti o peso da responsabilidade de ser arrimo de família. Minha mãe sempre se dedicou a criar os sete filhos, assumindo, sem descanso, todas as tarefas de casa. Vivia a mesma realidade das famílias de baixa renda: o que eu ganhava somava-se aos vencimentos das irmãs, que, já na adolescência, também trabalhavam. Deixar um emprego que razoavelmente atendia às nossas necessidades básicas familiares para ingressar na área de educação era, naquele momento, uma decisão arriscada, uma aventura com certo grau de insegurança. Sentia fortemente esse desejo, mas a decisão precisaria ser amadurecida porque, uma vez abandonado o desenho, seria irreversível.

Era perceptiva a parcela da população brasileira que saía do isolamento e partia para ações de solidariedade, de resistência democrática, de oposição social. No interior das indústrias surgiam as comissões de fábricas e um movimento de oposição sindical aos sindicatos considerados "pelegos". Nesse período, encontrei-me com uma importante liderança do movimento sindical, que era trabalhador da fábrica onde eu estava. Tentava me aproximar, participar de algumas de suas reuniões, mas a desconfiança dos trabalhadores impedia. Só mais tarde entendi a contradição que experienciávamos, principalmente ao conhecer as ideias de Marx, particularmente a análise que ele faz dos conceitos de trabalho manual e trabalho intelectual. Naquele momento, como desenhista, trabalhando no escritório e não propriamente no "chão da fábrica", eu era mais identificado como parte de todo o esquema de dominação do que como parte dos dominados. Atualmente, quando acompanho o Curso Intensivo de Preparação de Mão de Obra Industrial (Cipmoi),[13] constato como essa relação continua instalada. Os estudantes de engenharia, na função de monitores do programa, tendem a lidar com os trabalhadores (soldadores, eletricistas, mestres de obras) como "peões" desqualificados na cadeia produtiva. Carregam essa concepção da formação de engenheiro que os coloca na posição de "doutores" em relação aos "peões". Para entender a contradição nessa relação, é necessário fazer uma leitura crítica do modo de produção capitalista, no qual a divisão do trabalho estabelece lugares e funções distintas e

---

[13] O Cipmoi é um programa de qualificação profissional da Escola de Engenharia da UFMG. Seu principal objetivo é capacitar trabalhadores para atuar como soldadores ou eletricistas. As aulas são ministradas por graduandos da UFMG. Para mais informações, ver: <http://www.cipmoi.org.br/>.

antagônicas para os trabalhadores. A leitura de Marx me levou a entender que é impossível romper com essa concepção sem que se supere, ou melhor, sem que se faça uma revolução na sociedade baseada no modo de produção capitalista, uma vez que o estabelecimento dessas posições é inerente ao modelo de produção.

Além das comissões de fábrica, os trabalhadores mantinham um jornal em que publicavam notícias que não eram divulgadas na grande imprensa sobre o que acontecia no país, principalmente as relacionadas ao movimento operário. Foi naquele período, no dia primeiro de maio, que surgiu nas grandes capitais do Brasil uma mobilização reunindo trabalhadores, movimentos populares ligados às associações de bairros e às CEB, estudantes, professores, padres, pastores e intelectuais para denunciar as violações dos direitos humanos, as prisões e as repressões sobre o movimento dos trabalhadores e dos estudantes.

Aos poucos, a mobilização social ganhava as ruas e confrontava as proibições impostas pelo regime autoritário. Certa vez, participei de uma mesa redonda – exatamente sobre os direitos humanos – no auditório de um importante colégio de classe média da cidade. Enquanto o professor e jurista Edgar da Mata Machado fazia sua palestra, uma bomba colocada no banheiro causou um grande estrondo no auditório. Ninguém se feriu, mas uma nuvem de fumaça invadiu o local, levando as pessoas a evacuar o ambiente. Era um sinal, dos muitos que se sucederam no país, de que aqueles eventos estavam sendo acompanhados pelas "forças no poder": a explosão visava coibir e amedrontar os participantes.

Dessa época, guardo o fantasma do medo, presente em todos os cantos, e, ao mesmo tempo, o sentimento de esperança que o movimento de resistência trazia, apontando para um futuro melhor. Assim como Thiago de Mello, sentia-me entre a denúncia do velho e o anúncio de um novo tempo: "Faz escuro, mas eu canto porque o amanhã vai chegar" (1985, p. 35).

Rememorando aquele período, vejo o quanto uma geração aprendeu a exercitar dimensões que normalmente não estão presentes no cotidiano de quem é estudante ou trabalhador. Ter assistido a inúmeras palestras nos possibilitou ouvir e refletir sobre problemas vivenciados por toda a sociedade. Ter participado de grupos de estudos nos permitiu exercitar a disciplina para ler, pensar e discutir sobre temas considerados relevantes, além de desenvolver a sensibilidade para se indignar com situações de violência, de injustiça, de preconceito e de dominação para a transformação de nossa sociedade. Ter ido às ruas nos deu coragem para "gritar" contra as injustiças e enfrentar situações que inibissem o direito à manifestação. Nas palavras de Miguel Arroyo (2003), o movimento nos forma, nos educa, nos conscientiza.

A imersão na periferia do mundo

No meio desse turbilhão, decido ingressar na área de educação com todos os riscos que isso trazia. Já não suportava trabalhar em uma função estritamente técnica e desejava fazer parte de um processo de transformação da sociedade por meio da formação das pessoas. Mais tarde, identifiquei-me com a formulação de Paulo Freire de que a educação, por si só, não muda o mundo, mas é capaz de mudar as pessoas, e estas, de mudar o mundo. Era o que eu sentia, naquele momento, quando optei por trabalhar na área.

Inicialmente, atuei como professor em escolas confessionais que atendiam alunos de classes média e alta nas regiões centrais de Belo Horizonte. No entanto, movido pela utopia de que era possível construir um mundo melhor – e que, para isso, o trabalho com a educação deveria acontecer junto à classe trabalhadora –, optei por trabalhar como professor em uma escola confessional na região da cidade industrial em Belo Horizonte. Após o Concílio de Medellín (1968), na Colômbia, e de Puebla (1979), no México, muitas congregações religiosas passaram a ser questionadas em relação ao trabalho educacional que desenvolviam junto às camadas médias e às elites da população. A opção preferencial pelos pobres levou alguns religiosos e religiosas da Igreja Católica a tomar uma posição mais favorável aos oprimidos. Nesse sentido, alguns colégios confessionais passaram a disponibilizar seus espaços para cursos noturnos e/ou supletivos para oferta de educação à população de baixa renda. Assim aconteceu com o Colégio Santa Cruz, de São Paulo;[14] o Santo Inácio, do Rio;[15] e o Loyola, de Belo Horizonte,[16] entre outros. Outro caminho percorrido foi o de reformular suas propostas curriculares, incluindo conteúdos e atividades que levassem à formação voltada para a cidadania. Nesse contexto, passei a fazer parte de uma equipe que trabalhava de forma comprometida com filhos de trabalhadores em uma região marcadamente operária.

O conceito de classe trabalhadora, muito usado naquele período histórico, estava intimamente ligado ao papel que os operários tinham em um processo revolucionário com base na análise marxista. Naquele momento, para mim, as formas de resistência e os modos de protestar e de se manifestar dos estudantes tinham importância no processo de pressionar por uma abertura política, mas nada se comparava ao poder de transformação que a classe trabalhadora representava.

---

[14] O Colégio Santa Cruz, de São Paulo, mantém as turmas de educação de jovens e adultos no turno da noite desde 1974. Sobre essa iniciativa, Sérgio Haddad escreveu o capítulo intitulado "Escola para o trabalhador: uma experiência de ensino supletivo noturno para trabalhadores". Para uma discussão sobre o tema, ver: ARROYO, 1986b.

[15] O Colégio Santo Inácio, do Rio de Janeiro, criou o curso noturno em 1968 e já atendeu mais de mil alunos nas turmas de educação de jovens e adultos.

[16] O Colégio Loyola manteve um curso noturno para alunos carentes durante os anos 1970 e 1980. Para saber mais sobre as pesquisas realizadas com base nesse curso, ver: RESENDE, 1986; e DAYRELL, 1986.

Ao mesmo tempo em que optei por trabalhar com/para os filhos dos trabalhadores, pude acompanhar, em maio de 1979, a primeira greve dos metalúrgicos do ABC (ANTUNES, 1988), que parou grandes montadoras como a Volkswagen, a Ford, a Mercedes-Benz e a Scania. Sob uma legislação que proibia a paralisação, a iniciativa dos metalúrgicos enfrentava não apenas a classe empresarial, mas também as autoridades políticas. De fato, a paralisação dessas montadoras foi recebida com espanto por parte daqueles que desconheciam todo o trabalho de comissões de fábricas e de oposições sindicais que vinha ocorrendo. Naquele momento, o sistema capitalista tinha sido atingido em seu centro produtivo, ousadia que muitos não esperavam e nem admitiam. Ressurgia o movimento sindical no país. Os sindicatos, que antes limitavam suas atuações na oferta de serviços assistencialistas e/ou educacionais, voltavam a atuar politicamente.

Trabalhar em uma escola na região industrial significou conhecer a fundo aquela realidade. Caracterizada como de "periferia", sua população sobrevivia às mazelas dos governantes e estava, muitas vezes, à mercê de políticos oportunistas.[17] Para enfrentar essa realidade, diferentes grupos, em distintas iniciativas, surgiram desenvolvendo um trabalho de memória operária e centro de documentação,[18] de circulação de notícias e denúncias de atrocidades junto à população (*Jornal dos Bairros*[19]), de sistematização de certos temas relacionados à vida

---

[17] Rogério Cunha Campos, em sua pesquisa de mestrado, estuda o domínio e o controle que um tipo de político exerceu na região industrial por muitos anos. Para uma discussão sobre o tema, ver: CAMPOS, 1989.

[18] Foi um Centro de Documentação de referência, cujo acervo, atualmente, faz parte da Casa do Movimento Popular em Contagem, Minas Gerais.

[19] *O Jornal dos Bairros* circulou na Região da Cidade Industrial em Belo Horizonte e Contagem no final dos anos 1970 e 1980. Foi um importante meio de comunicação livre que registrava e socializava as lutas dos trabalhadores naquele período.

operária e disponibilizados em forma de histórias em quadrinhos (CET[20]), de formação e mobilização das comunidades (Pastoral da Cidade Industrial[21]) e de organização direta dos trabalhadores (sindicato).

Toda essa vivência junto à classe trabalhadora me proporcionou uma ampliação do olhar sobre a realidade brasileira. Passei a ter acesso a canais diretos de comunicação, sem a intermediação da imprensa escrita ou televisiva, muitas vezes manipulada pelo sistema. Em uma das atividades, assisti, no salão paroquial da igreja local, o filme *Braços cruzados, máquinas paradas* (1979), sobre a greve do ABC. Possibilitou também um processo de identificação com as causas dos dominados (Marx), dos marginalizados e oprimidos (Freire) e dos mais pobres (CNBB).

Foi nessa escola que aprendi a me relacionar de forma mais horizontal e mais próxima com meus alunos. Aprendi a ouvi-los em suas angústias e seus desejos, a entender suas limitações e a perceber seus potenciais, a dividir seus momentos de frustrações e a me juntar na luta pelos seus sonhos. Vivi ali, com outros colegas professores, momentos inéditos na vida de uma escola: reuniões de planejamento com participação intensa; práticas desafiadoras envolvendo atividades com a cultura da região; elaboração de materiais didáticos que se

---

[20] O Centro de Estudos e Trabalho (CET) fez parte do conjunto de iniciativas existentes na Região Industrial de Belo Horizonte e Contagem. Durante as décadas de 1970 e 1980, o CET produziu e distribuiu livretos no formato de histórias em quadrinhos sobre as condições de vida e de luta da classe trabalhadora.

[21] A Pastoral da Cidade Industrial desempenhou importante papel na defesa e na organização dos moradores daquela região de Belo Horizonte e Contagem. Atuando de forma mais independente, os padres eram interlocutores das Comunidades Eclesiais de Base e dos movimentos sociais da região. Anualmente, a Pastoral celebra a Missa do Trabalhador no feriado de 1º. de maio. Em tempos de "escuridão", essa celebração reunia os participantes das iniciativas de resistência e de organização da sociedade civil.

relacionavam com a vida dos estudantes; e momentos de estudos e de debates junto aos alunos.

Em maio de 1979, aconteceu em Minas a primeira greve de professores do estado por melhores salários e por efetivação dos professores contratados há muito tempo. Essa greve provocou reações repressivas por parte do governo do estado, que prendeu alguns participantes do comando de greve.

A escola onde eu trabalhava acompanhou de perto esse movimento, e, quando o comando de greve foi solto pela polícia, convidamos alguns de seus líderes para serem recebidos pelos professores e alunos na quadra da escola, em sinal de solidariedade ao movimento. O espaço dessa escola era frequentemente solicitado por alguns movimentos que existiam na região, como o Movimento de Luta Contra a Carestia e o Movimento de Luta Pró-Creche.

Mas nem tudo era unanimidade. De alguma forma, isso incomodava. Éramos um grupo de professores divididos. Como é de praxe nas congregações religiosas, de tempos em tempos faz-se um rodízio entre as direções. A troca feita naquele momento fez com que a nova direção que assumia se alinhasse ao grupo descontente, enfraquecendo, consequentemente, o grupo que até então vinha intervindo para uma proposta de escola diferente – a nosso ver, mais comprometida. O fim daquele trabalho ocorreu com a demissão de alguns professores, inclusive eu, sinalizando uma mudança nos rumos da escola. Houve protestos, abaixo-assinados e manifestações por parte de pais e alunos, mas a direção se manteve irredutível, fechando aquele ciclo.

Esse fato me levou a voltar a trabalhar em escola confessional, localizada dessa vez em um bairro da região noroeste de Belo Horizonte, direcionada para as camadas médias. Com a experiência adquirida, pude desenvolver um trabalho de qualidade, com a ativa participação dos alunos, ao mesmo tempo em que buscava aprimorar a minha formação como profissional da área de educação.

O encontro com a Faculdade de Educação

A ida para a Cidade Industrial coincidiu com o período de frequentar as disciplinas pedagógicas do curso de Letras. Se a imersão na periferia já havia mexido muito comigo, a chegada (em definitivo) na Faculdade de Educação acabava por decidir o rumo que eu iria dar a minha vida profissional.

No meu primeiro curso de Introdução à Educação, com a professora Agnela Giusta, pude conhecer o pensamento e a contribuição de Paulo Freire para a educação. Pela primeira vez, vivenciei dinâmicas diferentes das aulas expositivas que conhecia até então, com o professor ao centro e no comando da sala. Ela procurava nos instigar a trazer questões de nossa realidade de professores em formação. Lembro-me de que a aula era motivadora e que havia participação dos estudantes, mas, em muitas ocasiões, chegamos a viver momentos de tensão por discutirmos questões que, para nós, eram centrais na educação – por exemplo, se a postura do professor em sala deveria ser autoritária ou não. Com base em Freire, discutíamos se o conteúdo escolar deveria ter ou não relações com a vida dos alunos, ou se a educação tinha ou não um papel transformador na sociedade. A professora desenvolveu com a turma uma postura dialógica durante o curso, estabelecendo uma coerência entre o conteúdo da educação que estudávamos e a maneira como ele era trabalhado.

Aproveito a oportunidade, neste texto, para prestar uma homenagem póstuma à professora Agnela Giusta em nome de todos os professores da Faculdade de Educação da UFMG que, como ela, tiveram e têm a sensibilidade para acolher estudantes dos cursos de licenciatura que esperam, daquela faculdade, uma contribuição significativa para sua constituição como profissional, bem como motivação e inspiração para desenvolverem seus projetos.

O final da década de 1970 foi um período fértil de publicações sobre educação, sobretudo de contribuição internacional, como *Por uma educação libertadora* (1976), de Suzana Stein; *Uma escola para o povo* (1978), da argentina Maria Teresa Nidelcoff; e *Sociedade sem escola* (1971), de Ivan Illich. A leitura e a discussão desses autores causavam um rebuliço em nossa cabeça devido à formação que trazíamos das unidades de origem.

Ainda na Faculdade de Educação, organizamos em 1978 nossa participação no Primeiro Seminário Nacional de Educação, realizado na Universidade Estadual de Campinas (Unicamp), sobre o tema "Quem educa o educador?". Esse foi um acontecimento marcante durante a minha graduação, pelo fato de ter sido o primeiro evento em nível nacional do qual participamos. Mais tarde, pude dimensionar a importância desse evento não apenas em minha trajetória, mas na constituição da própria área de educação:

> Esse seminário teve importância histórica no relançamento do movimento dos educadores, não só pelo seu tema, como também por constituir o primeiro encontro e primeiro momento de reflexão coletiva sobre educação após 64, movimento este oriundo da ação de educadores e profissionais do ensino (ANPED, 1986, p. 28).

Com representação da maioria dos estados brasileiros, o I Seminário adquiriu uma dimensão nacional que não se anunciava no momento de sua preparação e organização, contando com a participação de 600 inscritos, quase exclusivamente professores e educadores. Compreende-se que o sucesso dessa dimensão tenha sido alcançado, entre outros fatores, porque esse seminário organizado por pesquisadores foi o primeiro, depois do golpe militar de 1964, que pretendeu reunir educadores para aprofundar as análises da educação brasileira – mais especificamente o aspecto da formação – por meio de estudos sobre o curso de Pedagogia. Nesse seminário, pude conhecer alguns professores já renomados no período, como Moacir Gadotti, Carlos Rodrigues Brandão e Dermeval Saviani. Esperava-se a presença de Paulo Freire no evento, o que acabou não ocorrendo devido à recusa do seu visto de entrada no Brasil. Em documento encaminhado à imprensa, os participantes manifestaram protestos pelo impedimento da presença de tão importante educador no país.

Em julho de 1979 participei da 31ª Reunião Anual da Sociedade Brasileira para o Progresso da Ciência (SBPC), em Fortaleza. Foi minha primeira participação em um evento daquela dimensão. A SBPC, ao lado de outras instituições, como a Ordem dos Advogados do Brasil (OAB), a Associação Brasileira de Imprensa (ABI) e a Conferência Nacional dos Bispos do Brasil (CNBB), havia representado a resistência ao regime militar[22]. Lembro-me de participar de um comício na praça, em frente ao Teatro José de Alencar, em que discursaram Darcy Ribeiro e Teotônio Vilela, o Menestrel das Alagoas.[23] Os discursos faziam referência ao momento em que vivíamos, com destaque para a volta da democracia e as eleições diretas. Uma passagem que me marcou para o resto da vida foi a apresentação do cantor Fagner ao interpretar a música de Patativa do Assaré – *Vaca estrela e boi fubá*. Assim, procurei saber mais deste poeta popular, quase cego e com uma rica produção literária.[24]

---

[22] Em 1977, por exemplo, a SBPC havia sido proibida pelos militares de se reunir por duas vezes, uma em Fortaleza e outra na Universidade de São Paulo (USP).

[23] O Movimento Pelas Diretas Já teve importância histórica por mobilizar o Congresso Nacional e a população pelo retorno da democracia por meio das eleições diretas – para os cargos majoritários –, suspensas desde o AI-5, em 1968. Na época, Teotônio Vilela liderou uma marcha pelo país na luta pelas Diretas e, posteriormente, foi homenageado com a composição "Menestrel das Alagoas", de Milton Nascimento, cantada por Fafá de Belém: "...Quem é esse peregrino, que caminha sem parar? Quem é esse meu poeta, que ninguém pode calar?".

[24] Patativa do Assaré é autor de "Triste partida", imortalizada na voz de Luiz Gonzaga. A música narra a saga do migrante nordestino que, expulso de suas terras, busca sobreviver no Sul. Um de seus livros mais conhecidos é Cante lá que eu canto cá, publicado pela Vozes em 1978.

Procurando acompanhar o que acontecia na educação, fiz parte da organização de mais uma delegação de estudantes a participar, na PUC de São Paulo, da Primeira Conferência Brasileira de Educação, em 1980. É importante destacar o papel que essa Universidade teve no processo de redemocratização da sociedade brasileira. Enquanto muitos espaços se fechavam a eventos que pudessem expor uma crítica radical ao regime militar, a PUC assumiu a realização de encontros, seminários, simpósios, conferências possibilitando espaços de expressão da sociedade.

Com o tempo, setores da sociedade civil pressionavam cada vez mais pelo fim da ditadura. Em muitos locais do país realizavam-se eventos de mobilização na passagem do dia primeiro de maio. Participei de muitas missas ao ar livre, organizadas pela Pastoral da Cidade Industrial de Belo Horizonte e Contagem. Ao final das missas, eram realizadas manifestações em que se encontravam oposições sindicais, associações comunitárias, grupos de igrejas e movimentos sociais da época.

O episódio mais extremo protagonizado pelo regime militar ainda estava por vir. Em 1981, um evento artístico realizado no dia primeiro de maio reuniu milhares de pessoas no Rio Centro. Do lado de fora, uma explosão foi ouvida com proporções devastadoras. A bomba estava em poder de dois oficiais do exército, em um carro esportivo no estacionamento do evento. Essa notícia teve repercussão internacional, resultando em mais desgastes ao regime militar.

Para incrementar a atmosfera cultural, Leon Hirszman lança o filme *Eles não usam black-tie* (1981), baseado na peça de Gianfrancesco Guarnieri. O filme, cujo tema central é a greve e a vida operária, aborda preocupações e reflexões universais do ser humano. Foi com base nesse filme que acompanhei uma discussão mais ampla sobre os aspectos da subjetividade em meio às lutas operárias. Ao explorar a contradição existente entre o comportamento de um líder operário, que é combativo, e sua relação machista com a mulher e autoritária com o filho, a obra despertou a discussão sobre a coerência entre a prática e o discurso, uma ruptura na visão quase que "perfeita" de um líder operário.

A Lei da Anistia de 1979, o atentado ao Rio Centro em 1981 e a derrota da Aliança Renovadora Nacional (Arena) em importantes capitais brasileiras nas eleições de 1982 alteraram o cenário político brasileiro. Novas lideranças de oposição ao regime se projetaram na vida nacional: Franco Montoro em São Paulo, Tancredo Neves em Minas, Leonel Brizola no Rio de Janeiro e Miguel Arraes em Pernambuco.

Concluí o curso de Letras em 1981, com uma bagagem rica tanto na universidade como nos movimentos sociais e nas primeiras experiências profissionais como educador. A cerimônia de formatura foi muito simples, mas eu sentia um grande orgulho de ter sido estudante de uma universidade pública implicada nos destinos da nação.

O desvendar da Educação de Adultos

> *Caminhante, não há caminho.*
> *O caminho se faz ao caminhar.*
> Antônio Machado[25]

Em 1982, um convite para participar de um projeto com foco na educação de adultos, vindo de um colega da escola confessional onde eu trabalhava, seria decisivo para minhas escolhas profissionais. Integrei-me, assim, à frente de educação do município de Ibirité, situado na Região Metropolitana de Belo Horizonte. Até então, só havia trabalhado no período diurno, com crianças e adolescentes. Naquela época, em Ibirité, havia um movimento social intenso formado por associações comunitárias que, mobilizadas pelas lutas em prol de melhores condições de vida e moradia, organizavam-se em torno

---

[25] Antônio Machado, poeta espanhol nascido em Sevilha.

da Federação das Associações Comunitárias de Ibirité (Faci), que agrupava cerca de trinta associações de bairros e tinha, juntamente ao Ministério da Educação e Cultura (MEC), um programa chamado Projeto Interação Escola-Comunidade.[26] Esse projeto reunia várias frentes de trabalho junto aos bairros, e passei a fazer parte da frente de educação de adultos, denominada, naquela época, de Projeto Supletivo. Algumas associações de bairros haviam encaminhado abaixo-assinados reivindicando um curso de adultos para seus moradores.

Naquele período, década de 1980, o atendimento público de educação para jovens e adultos era muito restrito. A Constituição em vigor estabelecia a oferta de estudos gratuitos apenas para aqueles que se encontravam na faixa etária dos 7 aos 14 anos. Portanto, os que estavam acima dessa faixa não gozavam do direito à educação. O governo federal mantinha o Movimento Brasileiro de Alfabetização (Mobral) como um programa nacional, e atendia, por meio do Programa de Educação Continuada (PEC), a população que não havia cursado até as quatro primeiras séries do antigo ensino primário. O governo estadual realizava os exames supletivos semestralmente e mantinha os Centros de Estudos Supletivos (Cesu) na forma de ensino semipresencial, assunto em que eu me aprofundaria, mais tarde, em minha tese de doutorado (SOARES, 1995). As administrações municipais estavam implementando sistemas de ensino, e eram raras as iniciativas direcionadas para o antigo "primeiro grau completo" para jovens e adultos.

Diante da quase ausência de ações do Estado, iniciativas de alfabetização de adultos eram desenvolvidas pela sociedade civil

---

[26] O Projeto Cultural de Ibirité foi um dos muitos projetos da Secretaria da Cultura do Ministério da Educação e Cultura, financiado com verba do Fundo Nacional de Desenvolvimento da Educação, de 1983 a 1987. Para detalhes sobre esses projetos, ver o documento Interação entre Educação Básica e *os diferentes contextos culturais existentes no país*. Trajetória II. Brasília, jul. 1983 (mimeo).

por meio de grupos populares, igrejas, sindicatos e movimentos sociais. Muitas dessas ações faziam parte do que era denominado educação popular (PALUDO, 2008), pois entendia o processo de alfabetização como um ato político no qual os sujeitos, juntamente com a aprendizagem da leitura e da escrita, vão ampliando sua visão de mundo. Sem políticas em níveis nacional, estadual ou municipal que atendessem aos jovens e adultos com escolaridade fundamental incompleta, o movimento comunitário em Ibirité decidiu organizar um curso para essa população.

Entre os convidados para fazer parte desse projeto, não havia ninguém com experiência em escolarização para jovens e adultos. Carlos Rodrigues Brandão, na condição de consultor, fez as primeiras discussões com o grupo, ajudando-nos a dar significado à reivindicação dos moradores e à função que um projeto como esse teria para o povo. Para avançarmos de fato na proposta de escolarização, Brandão indicou o nome de Sérgio Haddad, que, à época, fazia parte de um grupo de professores de uma proposta alternativa para jovens e adultos em um colégio de São Paulo, sobre a qual havia defendido sua dissertação de mestrado em 1982.

Haddad se reuniu com a equipe ainda em formação e nos ajudou a pensar o primeiro desenho para o projeto. Foi ele quem nos situou no campo da educação de adultos e nos apresentou as possibilidades que tínhamos por se tratar de uma proposta "livre" das amarras do sistema educacional naquela época.

O direito à educação para jovens e adultos representava, naquele momento, uma luta a ser travada. Ele só seria conquistado mais tarde, com a promulgação da Constituição de 1988, por meio do Artigo 205 – "A educação é direito de todos" – e do Artigo 208, que estabelece o dever do Estado com o "ensino fundamental, obrigatório e gratuito, inclusive para os que a ele não tiveram acesso na idade própria".

Haddad nos indicou professores do Supletivo do Colégio Santa Cruz de São Paulo, incluindo a professora Vera Masagão, para discutir e nos assessorar na elaboração da proposta do

Outros espaços formativos: o despertar para o processo educativo

projeto. Passamos, então, a estabelecer contatos com o Centro de Documentação e Informação (Cedi) que, mais tarde, transformar-se-ia na ONG Ação Educativa. Dessa forma, foi implantado em Ibirité, em 1983, o Projeto Supletivo em três locais: no bairro Brasília, no bairro Jardim das Rosas e em uma escola estadual no centro da cidade.

O Projeto Supletivo atendia a jovens e adultos interessados em concluir o antigo ensino de primeiro grau – atualmente, ensino fundamental. O projeto foi o resultado da construção de uma proposta curricular com duração de dois anos, dividida em quatro etapas semestrais. A Faci recebia do MEC recursos que mantinham o pagamento dos professores e os gastos com material didático. O projeto durou até 1987, quando, encerrada a duração do Programa do MEC, o prefeito não se interessou em incorporá-lo à Secretaria Municipal, como detalho em minha dissertação de mestrado (Soares, 1987).

Minha inserção no projeto ocorreu na coordenação e organização do curso, no acompanhamento do movimento comunitário e como professor de português. Mensalmente, participava das reuniões da Faci para manter um diálogo entre o projeto e as lideranças comunitárias. Foi um período muito rico para minha formação. As reuniões entre as diversas frentes de trabalho possibilitaram uma experiência que considero fundamental para entender as relações entre educação, Estado e sociedade civil. Além de Brandão e Haddad, foram também consultores do projeto Felipe Aranha e Dimas Furtado, que problematizavam permanentemente a prática ali vivida.

As pesquisas e os estudos nessa área eram incipientes. Quase não havia propostas sistematizadas que pudéssemos ler e discutir. Mesmo assim, decidimos por fazer uma semana de estudos preparatórios antes de ocuparmos a sala de aula. Recordo-me de que lemos um texto que nos possibilitou fazer um estudo mais profundo sobre o papel da educação para aquele tipo de população: "Os

41

operários italianos compõem uma sonata para os patrões" (FREIRE; OLIVEIRA; CECCON, 1980). Durante aquela semana, analisamos as listas dos que se inscreveram para participar do curso e nos perguntávamos: quem eram? Como seriam suas histórias de vida? Em que trabalhavam? Por que não tinham conseguido estudar até aquela altura da vida? Que expectativas teriam para o curso?

Tenho nítido em minha memória o que se passou há trinta anos, no dia que antecedeu a posse de um governo civil. Como professor de língua portuguesa no Supletivo de Ibirité, escolhi uma canção composta em 1984 para trabalhar com os alunos em sala de aula, anunciando a chegada "daquele dia". Refiro-me à música "Vai passar", de Chico Buarque. Como outros artistas, Chico havia se engajado na luta pelas Diretas, e a letra da música era uma inspiração do que estava para acontecer.

> Vai passar nessa avenida um samba popular
> Cada paralelepípedo da velha cidade essa noite vai se arrepiar
> Ao lembrar que aqui passaram sambas imortais
> Que aqui sangraram pelos nossos pés
> Que aqui sambaram nossos ancestrais.
>
> [...]
> Meu Deus, vem olhar
> Vem ver de perto uma cidade a cantar
> A evolução da liberdade até o dia clarear.
> [...]
> O estandarte do sanatório geral vai passar

Alguns anos depois, associei aquela atividade pedagógica à canção "Coração civil", de Milton Nascimento e Fernando Brant, inspirada em San José, capital da Costa Rica:

> Se o poeta é o que sonha o que vai ser real
> Bom sonhar coisas boas que o homem faz
> E esperar pelos frutos no quintal.

Chico parecia haver sonhado com as "coisas boas que o homem faz", e, ao escrever "Vai passar", convidava-nos a "esperar pelos frutos no quintal", história que estava para acontecer. Entreguei a letra a cada estudante e muitos a recordaram como um samba do carnaval do ano anterior. Lemos a letra e, aos poucos, íamos associando-a ao tempo histórico em que nos encontrávamos. Lembramos, naquela noite, de quantos brasileiros haviam desejado aquele dia e que por ele haviam brigado, lutado, sido presos, torturados, mortos ou exilados. E, como em um gesto de alívio, diziam "vai passar". O sentimento que tínhamos naquele momento era de que estávamos fazendo história.

Tempos depois conheci o que Freire havia escrito em Genebra, em março de 1971, quando se encontrava no exílio, e entendi a relação que ele conseguiu estabelecer entre o "esperar" e, enquanto ele não chega, o "quefazer". Foi em "Canção óbvia" que Freire (2000) se explicou:

> Escolhi a sombra desta árvore para
> Repousar do muito que farei,
> Enquanto esperarei por ti.
> Quem espera na pura espera
> Vive um tempo de espera vã.
> Por isto, enquanto te espero
> Trabalharei os campos e
> Conversarei com homens,
> Suarei meu corpo, que o sol queimará;
> Minhas mãos ficarão calejadas;
> Meus pés aprenderão os mistérios dos caminhos;
> Meus ouvidos ouvirão mais;
> Meus olhos verão o que antes não viam,
> Enquanto esperarei por ti.
> (FREIRE, 2000, p. 5)

A "espera" anunciada por Milton era, em minha percepção, o tempo de "quefazer" de Paulo Freire.

A ditadura finalmente acabara. Tínhamos, então, um novo período pela frente, com novas demandas, novas exigências, novas possibilidades.

Como, para muitos brasileiros, grandes expectativas marcavam essa nova fase na vida nacional, ter um presidente civil já significava, ainda que pelo voto indireto, poder iniciar as mudanças dos rumos que se desejavam. A convocação de uma Assembleia Constituinte significou a chamada da sociedade para a escrita de uma nova carta.

Uma das ações da Nova República foi encerrar órgãos que se identificavam com o período do regime militar e refundar os que demarcariam uma nova fase da política brasileira. Entre esses estão o antigo Conselho Federal de Educação, que passou a ser Conselho Nacional de Educação. No campo da educação de adultos, foram encerradas as atividades do Mobral e constituída uma comissão que, ao final dos trabalhos, sugeriu uma nova concepção de educação de jovens e adultos, propondo a criação da Fundação Educar. Como afirmam Haddad e Di Pierro:

> Estigmatizado como modelo de educação domesticadora e de baixa qualidade, o Mobral já não encontrava, no contexto inaugural da Nova República, condições políticas de acionar com eficácia os mecanismos de preservação institucional que utilizara no período precedente, motivo pelo qual foi substituído, ainda em 1985, pela Fundação Nacional para Educação de Jovens e Adultos – Educar (2000, p. 120).

A proposta era fazer da Fundação Educar não apenas mais um órgão centralizador das políticas, do financiamento e das ações, mas sim um órgão que, fazendo parte do Ministério da Educação, organizaria as ações relativas à educação de adultos, envolvendo aí as referentes à alfabetização de adultos e descentralizando as ações por meio de convênios com instituições da sociedade civil.

A Educação de Adultos na UFMG

Enquanto o Projeto de Ibirité passava por uma fase agonizante em seu último ano de existência – uma vez que

Outros espaços formativos: o despertar para o processo educativo

estava prestes a completar cinco anos, duração prevista pelo MEC, e o prefeito do município resistia em dar continuidade àquela experiência, incorporando-a como ação municipal no âmbito da prefeitura –, o surgimento de um novo projeto no interior da UFMG dava continuidade, em minha trajetória, às ações, estudos e "pelejas" nesse campo de atuação e de conhecimento.

O Projeto Supletivo da UFMG (SOARES, 1994a) surgiu da convergência de três iniciativas: a primeira, vinda da Associação dos Servidores da UFMG (Assufemg), demandava da reitoria uma escolarização para seus filiados, uma vez que trabalhavam em uma universidade e, contraditoriamente, não usufruíam os benefícios do que ali se produzia: o conhecimento. A segunda iniciativa foi tomada pelo diretor do Centro Pedagógico,[27] o professor Luiz Pompeu, que considerava o espaço da escola ocioso no período noturno enquanto milhares de brasileiros adultos estavam sem escola. Por fim, naquele mesmo período, o ministro da Educação Jorge Bornhausen expediu um ofício em que solicitava às universidades que criassem cursos para atender seus funcionários.

Pompeu convidou professores de várias unidades da UFMG, interessados em discutir uma proposta de curso para adultos, e formou uma equipe multidisciplinar. É nesse momento que sou convidado a fazer parte da formulação da proposta e, juntamente com a sua primeira coordenadora, professora Leonor Ferrari, a implementar o projeto no Centro Pedagógico.

Assim como em Ibirité, o curso não podia certificar os participantes, sendo necessário prestar o exame supletivo, conhecido como exame de massa, realizado semestralmente pela Secretaria Estadual da Educação. Isso representava um

---

[27] O Centro Pedagógico é a escola de ensino fundamental da UFMG. Para o ensino médio, a UFMG tem outra unidade: o Colégio Técnico (Coltec).

grande entrave para qualquer proposta autônoma, tendo em vista que os exames determinavam os currículos. Estávamos sob a legislação centralizadora e excludente da LDB 5692/71, que limitava a oferta do ensino supletivo aos estados. No caso de Minas Gerais, a oferta do ensino supletivo estava a cargo dos Centros de Estudos Supletivos (MAFRA, 1979) que tinham uma metodologia própria com base no ensino modular. O interessado em voltar a estudar "comprava" apostilas – módulos instrucionais – da matéria que desejasse e estudava em casa, atendendo a uma das características dos Cesu, que era a frequência livre. Só em caso de dúvidas é que ele recorreria ao centro, marcando uma "consulta" individual com o professor, chamado de "instrutor da aprendizagem". Esta era outra característica dos centros: a "consulta" era individual porque, de acordo com a metodologia adotada, atenderia ao ritmo próprio do aluno. Ao final de cada módulo, os estudantes se submeteriam a uma avaliação da aprendizagem e, obtendo sessenta por cento dos pontos, passariam à fase seguinte. Vencendo uma disciplina, iniciariam outra, e assim sucessivamente até concluírem o nível de ensino pretendido, primeiro grau – atualmente, ensino fundamental – ou segundo grau – atual ensino médio.

Nessa proposta, vê-se que o perfil do estudante que consegue acompanhar o curso de forma autônoma é de um autodidata. Assim, a pequena porcentagem dos que concluíam os níveis de ensino desejados não correspondia ao grande número de inscritos. Essa situação fez com que Minas Gerais represasse, ao longo dos anos, um contingente expressivo de jovens e adultos sem a conclusão do nível mais elementar de escolarização: o ensino fundamental.

Ao criar um curso no interior de uma universidade pública, não era do nosso interesse nos adaptarmos ao modelo existente, ou, como disse Beisiegel (1997), ser uma "réplica" da escola de crianças e adolescentes. Só se justificava um novo curso[28] se, de fato, a universidade cumprisse sua função de produtora e disseminadora do conhecimento. Com base nesses pressupostos, criamos o curso em 1986, distinto do modelo do Estado, e passamos a empreender esforços para obtermos seu reconhecimento e autorização no Conselho Estadual de Educação (CEE), o que se efetivou em 1989.

Nesse período, iniciativas semelhantes se deram no interior de outras universidades, como na Universidade Federal de São Carlos (UFSCar), por meio do seu Projeto de Extensão.[29] O ponto de partida foi o surgimento de projetos de alfabetização e/ou de escolarização direcionados aos funcionários que não tinham o antigo "primeiro grau" completo.

A experiência obtida em Ibirité contribuiu para discutirmos o momento em que se encontrava a educação de jovens e adultos e optarmos por elaborar uma proposta, partindo do lugar que a universidade ocupa: desenvolver uma experiência diferenciada em relação às existentes nas redes públicas, tendo como base os desafios apontados pelo campo da educação de jovens e adultos. Na época, em 1986, decidiu-se que o curso proposto contemplaria o segundo segmento do ensino de primeiro grau. Surgiram, mais tarde, o primeiro segmento do ensino fundamental e o ensino médio para jovens e adultos. A articulação entre os três projetos compõe, atualmente, o Programa de Educação Básica para Jovens e Adultos da UFMG.[30] Projetos como esse tiveram um significado importante no contexto da EJA, no Brasil, na época. De forma

---

[28] Para uma discussão sobre o tema, ver: TORRES, 1985.

[29] Para uma discussão sobre o tema, ver: OLIVEIRA; DUARTE, 1985.

[30] A questão do direito à educação foi objeto de artigo por mim publicado no *Cadernos Ensinar*, n. 3, do Centro Pedagógico da UFMG, em 1997. A construção do currículo em EJA no projeto foi objeto de dois artigos: o primeiro, já citado, foi publicado em coautoria no periódico *Educação em Revista*, n. 18/19, em 1993. O outro, de Maria da Conceição Ferreira Reis Fonseca, intitulado "A elaboração da proposta curricular como processo

propositiva, eles representavam, ao mesmo tempo, um questionamento ao modelo existente nas redes públicas de ensino, tendo em vista que propunham outro formato de propostas curriculares para a EJA. É desse período o lançamento da publicação organizada por Miguel Arroyo, intitulada *Da escola carente à escola possível* (1986b), que afirma o direito à educação pública, critica os limites da escola e sistematiza algumas dessas experiências.

Ao mesmo tempo em que projetos eram vivenciados em espaços "alternativos", visando garantir o direito à educação dos jovens e adultos, a década de 1980 também marca as primeiras experiências de escolarização dessa população nos espaços públicos. São desse período as experiências pioneiras do Serviço de Educação de Jovens e Adultos (Seja), da Prefeitura de Porto Alegre, e do Movimento de Alfabetização (Mova), da Prefeitura de São Paulo, da qual Paulo Freire estava à frente. Desse modo, enquanto a luta pela efetivação do direito à educação continuava em pauta, emergiam simultaneamente as experiências e os projetos de escolarização de jovens e adultos. Partindo de uma concepção mais ampla do conceito de educação, esses projetos eram confrontados com o que existia no âmbito dos governos federal e estadual. Os Centros de Estudos Supletivos (CES) e os exames supletivos já não correspondiam aos avanços que tais projetos propiciavam. Na mesma época, houve a elaboração de um documento[31] pelo antigo Centro Ecumênico de Documentação e Informação (Cedi), atualmente Ação Educativa, que

---

de formação docente", foi publicado na revista *Alfabetização e Cidadania*, n. 11, em abril de 2001.

[31] Intitulado "Educação de jovens e adultos: subsídios para elaboração de políticas municipais", esse documento resultou de uma assessoria do Cedi junto a municípios na elaboração de propostas curriculares para EJA. Posteriormente, ele foi incorporado como uma proposta do MEC. Ver: FÓRUM..., 1990.

serviu de referência para a formulação de políticas de educação de jovens e adultos.

Como se viu, a Constituição de 1988 ampliou o direito de todos à educação; no entanto, o dever do Estado não foi cumprido. Passamos a ter um direito proclamado, mas não necessariamente efetivado. A proclamação já significou uma mudança nas políticas educacionais entre as diferentes esferas de governo. O direito passou a ser conquistado na prática das ações desenvolvidas principalmente por iniciativas do poder local. Na ocasião, propostas de EJA foram implementadas por prefeituras consideradas do campo democrático que reconheciam o direito dos jovens e dos adultos à educação, contribuindo para o processo de configuração das políticas direcionadas a esse público. Era o momento de compreender quais elementos e matrizes estavam orientando as políticas emergentes de EJA nos municípios. Ganham expressão, nesse momento, os sujeitos como portadores de direitos. Passam de meros alunos a sujeitos concretos; são mulheres à margem dos processos de escolarização, pessoas negras com fortes marcas de exclusão social, indígenas, jovens, idosos e pessoas com deficiência.

O mestrado na UFMG: introdução à pesquisa sistematizada

Simultaneamente à atuação no Projeto de Ibirité, ingressei em 1983 no Mestrado em Educação na UFMG, no qual pude discutir as questões emergentes do Projeto Supletivo sob a orientação do professor Miguel Arroyo, com bolsa da Coordenação de Aperfeiçoamento de Pessoal de Nível Superior (Capes). Naquele momento, o mestrado da UFMG se diferenciava dos demais no Brasil. No final da década de 1970, houve uma grande reformulação na proposta do curso, que resultou em um formato próprio com base em seus atores. O mestrado havia surgido para propiciar formação em nível de pós-graduação aos especialistas da educação, como orientadores, supervisores, diretores e inspetores escolares. Com a chegada de professores como Miguel Arroyo, Oder José dos Santos, Neidson Rodrigues e Carlos Roberto Jamil Cury, que se juntaram aos que já estavam, como Magda Soares, Eliane Marta Lopes e Glaura Vasques de Miranda, uma proposta ousada passou a ser praticada.

A mudança significativa se abriu para outras áreas do conhecimento e para outros profissionais que desejavam discutir e pesquisar as relações de suas questões com a educação. Abrir para acolher novos objetos de pesquisa significou pensar em outras formas de organizar o curso para que novas questões procedentes do campo social fossem socializadas e refletidas. Assim, no momento da seleção, os candidatos apresentavam um memorial contendo suas trajetórias pessoal e profissional e as questões que delas emergiam. Formava-se, então, uma turma única, com cerca de vinte pessoas, que, acompanhada dos professores da pós-graduação, lia e discutia os memoriais em uma disciplina chamada Análise Crítica da Prática Pedagógica (ACPP).

Na minha turma, tivemos a seguinte programação: a segunda-feira era dedicada à leitura, em casa, dos memoriais daquela semana; terça, quarta e quinta eram dias destinados às sessões de apresentação e discussões de dois memoriais a cada dia, buscando anotar as questões centrais que deles emergiam; a sexta era dedicada a reunir os pontos anotados nas sessões daquela semana e avançar na discussão. Após a apresentação do conjunto dos memoriais da turma, passávamos a outra fase do mestrado, que era a constituição de Grupos de Trabalho (GT). Esse agrupamento tinha seu início durante as sessões da ACPP, quando os presentes estabeleciam vínculos ora por área, ora por aproximação de questões, ora por afinidades. Os GTs eram compostos preferencialmente por três a seis pessoas, e o próprio grupo convidava um professor do programa para acompanhá-lo em um dia da semana nessa nova fase. O GT do qual participei foi composto por mim – originário do curso de Letras –, uma pedagoga, uma nutricionista e um médico.[32] Uma vez formado o GT, passávamos a acompanhar uns aos outros até o momento final da defesa da dissertação.

Outra iniciativa inovadora e desafiadora do mestrado consistia no movimento que os mestrandos faziam de agrupar as questões surgidas durante as sessões da ACPP, demandando cursos e professores que as atendessem. Tem-se aí uma inversão do que estávamos acostumados. Em vez de os professores da pós-graduação oferecerem seus cursos já planejados, eram desafiados a pensá-los com base nas questões expostas por aquela turma de ingressantes. Dessa forma, os cursos e/ou disciplinas iam sendo formulados.

Durante o mestrado, lemos e estudamos a relação entre Estado e sociedade; a existência e a importância dos movimentos sociais; e aprofundamos nossas discussões sobre economia política e sua relação com a educação. Tive o privilégio de fazer cursos com os professores Neidson Rodrigues, Magda Soares, Carlos Roberto Jamil Cury, Oder José dos Santos, Miguel Arroyo, Renato Caporali, Cândido Guerra Ferreira, Michel Leven e Edil Vasconcellos.

As sextas-feiras continuavam sendo reservadas para as discussões surgidas ao longo da semana, contribuindo para demandar futuros cursos para a turma. O projeto de pesquisa de cada mestrando surgia do resultado dos estudos e das discussões ocorridas nos GTs e nos cursos realizados. O orientador era escolhido nesse processo; poderia ser o mesmo que havia coordenado o GT ou outro do programa. A duração do curso de mestrado era de 48 meses, o que viabilizava o desenvolvimento da pesquisa nos moldes do programa.

---

[32] Magda Chamon, Nelsina Dias e Eymard Mourão de Vasconcelos, coordenados por Miguel Arroyo.

A proposta do Mestrado em Educação da Faculdade de Educação da UFMG, aqui detalhada, foi sistematizada em um texto do professor Miguel Arroyo, publicado na revista *Educação e Sociedade* número 11 (1982).

Foi nesse formato que realizei meu mestrado. Ingressei com um projeto que foi totalmente reformulado durante o processo de análise da prática, resultando em uma pesquisa sobre a educação de adultos em Ibirité. Assim, questões como o direito à educação, a expectativa dos alunos quanto ao curso, a proposta e a organização do projeto nortearam as discussões no mestrado. Consegui estabelecer uma relação profícua entre a prática social desenvolvida em Ibirité e a reflexão sobre essa mesma prática durante a pós-graduação, resultando na sistematização da experiência do projeto como meu objeto de estudo.

A sistematização de experiências foi uma tendência de pesquisa comum na época: era uma forma de registrar os projetos existentes e dar-lhes visibilidade em um momento em que, no Brasil, trabalhos acadêmicos estavam intrinsecamente vinculados a opções político-pedagógicas. Ao mesmo tempo, experiências inovadoras, fora das redes oficiais de ensino, começavam a ser registradas e sistematizadas na produção acadêmica, o que facilitava a sua divulgação. Exemplos dessa tendência foram as dissertações de mestrado de Sérgio Haddad, sob o título "Uma proposta de educação popular no ensino supletivo", defendida em 1982 na USP, e a de Juarez Dayrell, "De olho na escola: as experiências educativas e a escola na ótica do aluno trabalhador", defendida em 1989 na UFMG. Muito comum naqueles tempos de ditadura militar era a expressão "ocupar brechas": uma vez que as estruturas e o funcionamento das escolas públicas se encontravam amarrados sob as orientações impostas pela Lei 5692/71 de centralização e padronização do ensino, restavam aos pesquisadores e educadores "engajados" ocupar os espaços "alternativos" possíveis de realizar experiências diferenciadas. Curiosamente, os trabalhos sistematizados por Haddad e Dayrell foram de iniciativas desenvolvidas nos espaços de escolas confessionais católicas que, em "tempos de escuridão", possibilitaram experimentar o diferente e ousado.

Destaco aqui algumas leituras que foram muito significativas para a minha formação nesse período: *Educação popular e educação de adultos* (1973), de Vanilda Paiva; *Cultura popular, educação popular: memória dos anos 60* (1983), de Osmar Fávero; e *Ensino noturno: realidade e ilusão* (1984), de Célia Pezzolo de Carvalho.

No mestrado, sempre fomos incentivados a participar dos fóruns de discussão sobre educação no país. Dessa maneira, participei pela primeira vez da reunião da Associação Nacional de Pós-Graduação e Pesquisa em Educação (ANPEd) em 1985, no Rio de Janeiro, como estudante da pós-graduação, e pude perceber o ambiente propício para a reflexão das questões emergentes na área da educação. Nessa primeira vez, participei do GT Trabalho e Educação, que, à época, era muito concorrido; nele, acompanhei as reflexões dos professores Miguel Arroyo, Paolo Nosella, Maria Ciavatta, Acácia Kuenzer e Gaudêncio Frigotto.

No ano seguinte, juntamente com meu grupo do mestrado, fomos à IV Conferência Brasileira de Educação (CBE) em Goiânia, na qual se debateram temas da problemática educacional brasileira, tendo em vista a indicação de propostas para a nova Carta Constitucional. A seguir, transcrevo alguns dos princípios formulados como parte das propostas:

> 1 - A educação escolar é um direito de todos os brasileiros e será gratuita e laica nos estabelecimentos públicos, em todos os níveis de ensino. [...]
>
> 7 - É dever do Estado prover o ensino fundamental, público e gratuito, de igual qualidade, para todos os jovens e adultos que foram excluídos da escola ou a ela não tiveram acesso na idade própria, provendo os recursos necessários ao cumprimento desse dever (ANPEd, 1986, p. 74-75).

Constata-se nesse documento, assinado pelas entidades que organizaram a IV CBE – Ande (Associação Nacional de Educação), Cedes (Centro de Estudos Educação e Sociedade) e ANPEd –, princípios que viriam a fazer parte da Constituição Federal de 1988, como o direito de todos à educação e o dever do Estado em prover o ensino fundamental para jovens e adultos.

No Boletim ANPEd número 10, foram retomadas as propostas para a nova Lei da Educação. No que se refere à EJA, assim foi escrito:

> a) Um capítulo específico para a educação de jovens e adultos;
> b) Destinação de verbas específicas para seu desenvolvimento e funcionamento;
> c) Reconhecimento das características próprias que tal ensino deve ter (estrutura, funcionamento e normas curriculares);
> d) Preparo adequado de seu corpo docente (ANPEd, 1989, p. 11).

Nesse contexto, a luta pelo direito dos jovens e adultos à educação também era posta a cada evento que se realizava na área. Foi nesse espírito que, na ANPEd de 1987, em Salvador, apresentei minha pesquisa em andamento no GT Educação Popular, que acolhia as discussões relacionadas aos processos de escolarização de adultos e educação popular.

Concluí minha dissertação, intitulada "Do Trabalho para a escola: as contradições dessa trajetória a partir de uma experiência de educação" e orientada por Miguel Arroyo, no final de 1987. Trabalhos como os de Sposito (1984), Malta Campos (1983), Brandão (1984), Arroyo (1986a), Haddad (1982) e Campos (1985) foram referência ao associar a luta dos movimentos sociais à dimensão do direito à educação. Embora naquele momento ainda não fosse evidente, atualmente identifico que, já nesse trabalho, estavam presentes de forma significativa duas temáticas às quais venho dedicando minhas

O doutorado na USP: história e política da Educação de Jovens e Adultos

Em busca de uma formação mais sólida, iniciei em 1989 o doutoramento na USP, sendo orientado pelo professor Celso de Rui Beisiegel, novamente com bolsa da Capes. Foi um período fértil de poder interagir com as atividades na USP e as experiências de educação de adultos na cidade de São Paulo. Na época eu já trabalhava como professor do Centro Pedagógico da UFMG, como detalharei adiante, e, para realizar o doutorado, consegui uma liberação parcial, concentrando minhas aulas em alguns dias da semana para viabilizar as viagens semanais a São Paulo. A UFMG ainda não havia instituído o doutorado em educação e, assim, foram muitos os professores que se deslocaram para São Paulo ou Rio para cursá-lo.

Como doutorando, participei do curso do professor Guillermo O'Donnell nas ciências políticas, que discutiu a passagem dos estados autoritários para estados democráticos. Também nas ciências sociais, acompanhei o curso do professor Francisco de Oliveira, que discutiu classe, conflitos e movimentos sociais. Participei do curso da professora Elizabeth Souza Lobo sobre participação popular e movimentos sociais. Na Faculdade de Educação, fiz os cursos da professora Marília Sposito sobre políticas públicas e lutas por escola; da professora Maria Malta Campos sobre pesquisas nas ciências sociais; e do professor Pedro Jacobi sobre movimentos sociais, Estado e políticas públicas.

O doutorado foi um mergulho na história e na política da educação de adultos no Brasil e, em especial, em Minas Gerais. Interessado em compreender o campo da EJA em um cenário mais amplo, pesquisei a educação de jovens e adultos em Minas em dois momentos: na Campanha Nacional de Educação de Adultos, ocorrida no período de 1947 a 1963, e na educação de jovens e adultos no período da ditadura militar. Essa pesquisa me permitiu aprofundar na história mineira e extrair questões que permearam os dois períodos. Em um primeiro momento, analisei o tratamento de campanha dado à educação de jovens e adultos, cujas características foram o provisório, o emergencial, o aligeiramento e o voluntariado.

Na pesquisa de fontes históricas, encontrei um documento que trazia novos elementos para uma análise sobre a EJA e que em muito se diferenciava das descrições que os outros textos faziam sobre o desenvolvimento daquela campanha. Trata-se do relatório[33] que a Delegação de Pernambuco, que tinha Paulo Freire como um dos seus membros, apresentou no II Congresso Nacional de Educação de Adultos. O texto procurava estabelecer relações entre a educação de adultos e a realidade das populações marginais. Destaco aqui um pequeno trecho do relatório:

> [...] O que mais enfaticamente nos interessa, no momento que passa, é a nossa "sobrevivência" histórica de povo que vem vivendo a sua promoção de ser colonial, em ser nacional; de ser "objeto do pensamento de outros, em ser sujeito de seu próprio pensamento" (CONGRESSO..., 1958).

A passagem de "objeto" a "sujeito" marca uma nova época da cena brasileira, em que movimentos sociais emergiram, travando uma luta em prol das reformas de base.

Em outro momento do trabalho pude pesquisar, por meio do Departamento de Ensino Supletivo (Desu) do MEC, a influência do governo federal na criação dos Centros de Estudos

---

[33] O Relatório Final do Seminário Regional de Educação de Adultos foi publicado sob o título "A educação de adultos e as populações marginais: o problema dos mocambos" e consta nos Anais do II Congresso Nacional de Educação de Adultos, 1958. Faz parte, atualmente, do acervo da Biblioteca Lourenço Filho da UFRJ.

Supletivos (Cesu) em Minas e o tratamento dado à educação de jovens e adultos com uma metodologia tecnicista, voltada para um público caracterizado como autodidata. Procurei compreender como aconteceu a implementação do ensino supletivo em Minas pela Lei 5692/71, com base no Parecer 699/72, do conselheiro Valnir Chagas.

Embora não se possa relacionar diretamente as tendências da produção acadêmica aos diferentes momentos políticos do país, posso afirmar que a opção por realizar um estudo histórico no doutorado expressa a pluralidade de abordagens que começa a marcar a produção acadêmica na área de educação na década de 1990. Ao contrário do que ocorria no período da ditadura militar, já não se sentia a exigência de realizar pesquisas explicitamente "engajadas", mas, principalmente, de aprofundar temas ainda pouco explorados para melhor compreender a realidade educacional e, como consequência, neles intervir com mais propriedade. Defendi meu doutorado em 1995. Avalio, atualmente, que o tema das especificidades da EJA também estava presente de forma central nesse trabalho. O estudo histórico possibilitou identificar, em momentos relevantes da trajetória da EJA no Brasil, que as discussões em torno das singularidades do trabalho com jovens e adultos – em relação à educação das crianças, no que se refere à formação dos educadores, materiais didáticos, métodos de ensino, propostas curriculares e o perfil dos sujeitos – já se apresentavam como fundamentais na configuração do campo da educação de jovens e adultos no país. A tese deu origem a dois trabalhos: "Um estudo sobre a educação de adultos em Minas Gerais", apresentado no I Congresso Luso-Brasileiro de História da Educação – Leitura e Escrita em Portugal e no Brasil (1500-1970), que ocorreu em Lisboa em 1996; e "A política de educação de adultos: a campanha de 1947", apresentado no II Congresso Luso-Brasileiro de História da Educação, que aconteceu em São Paulo em 1998.

A atuação como professor e pesquisador na UFMG

Professor da Educação Básica

Com a conclusão do mestrado, surgiu em 1988 uma nova possibilidade com o edital de concurso para uma vaga no Centro Pedagógico da UFMG. Naquele momento, já acompanhava o Projeto Supletivo da universidade desde sua criação, em 1986, e alimentava a viabilidade de me integrar definitivamente àquela proposta. Trabalhava na educação básica em escolas particulares desde 1978, e aquele concurso significava ter uma experiência em escola pública no mesmo segmento.

Ao ser aprovado no concurso, estava eufórico com o horizonte que se abria e propus ao professor Tarcísio Mauro Vago, um entusiasta da educação, conhecermos algumas experiências pedagógicas diferenciadas para crianças e adolescentes. Fomos visitar o trabalho desenvolvido na Escola Pica-Pau Amarelo, da educadora Magdalena Gastelois. A escola funcionava em uma chácara para que os alunos tivessem vivências próximas à natureza. Eram muitas as atividades inovadoras, e os professores investiam e se envolviam com o processo de uma escola de tempo integral com seus alunos. Lembrávamos das Escolas Parques, de Anísio Teixeira.[34]

Outra visita foi ao Salão do Encontro,[35] uma experiência que surgiu em 1970 baseada em um trabalho com tear, da educadora Noemi Gontijo, junto às moradoras de um bairro popular de Betim. Depois das mulheres, vieram os homens para trabalhar com a carpintaria e, depois, as crianças para estudar e vivenciar momentos de oficinas. O Salão do Encontro é também um espaço que procura associar trabalho, renda e escola. As salas de aula são amplas, em meio às árvores do local, com recursos dos mais diversos para as crianças experimentarem o fazer pedagógico. Atualmente, o Salão é um centro de referência educacional e de difusão da arte popular e, por isso, de tempos em tempos realizo visitas ao espaço com minhas turmas de pedagogia. Os estudantes costumam dizer que o projeto se assemelha a uma escola ideal, tendo em vista que consegue incorporar, na prática pedagógica, elementos teóricos trazidos pelos textos que discutimos em sala de aula.

Outra visita que realizamos foi à Escola Balão Vermelho, localizada em um bairro de classe média alta em Belo Horizonte. Ela teve início com um grupo de educadores que desejava fazer uma escola diferente, atraente, viva, que possibilitasse experiências significativas para os alunos. Era, de certa forma, um grupo de vanguarda na educação. De fato, a proposta curricular se diferenciava dos tecnicismos presentes nas demais escolas.

Atualmente, vejo o quanto aprendi ao lecionar para crianças de 9, 10 e 11 anos de idade. Já havia trabalhado com adultos na EJA, com adolescentes e jovens no ensino médio, e o trabalho no CP veio acrescentar novos olhares sobre esse ciclo de vida estudantil. Lecionei Língua Portuguesa e Estudos Sociais e,

---

[34] O próprio Anísio Teixeira sistematizou as reflexões sobre as escolas parques no artigo "A escola da Bahia", publicado em 1967 na *Revista Brasileira de Estudos Pedagógicos*.

[35] Ver: <http://salaodoencontro.org.br/>.

por se tratar de uma escola pública pertencente à universidade, tínhamos mais liberdade para agir e criar. Durante os oito anos em que lá estive, vivenciei momentos inesquecíveis com os alunos, como o voo que realizamos sobre Belo Horizonte, Lagoa Santa, Contagem e Nova Lima. Estudávamos a região metropolitana nos livros e nos mapas, e o sobrevoo trouxe uma experiência ímpar para muitos dos alunos que nunca haviam viajado de avião. Visualizar de cima o que tínhamos visto só no papel foi maravilhoso e emocionante.

Com outras turmas, tivemos outros trabalhos de campo interessantes, como a preparação para visitar uma cidade histórica. De modo geral, ao se mencionar o conhecimento de uma cidade histórica, as referências recaíam sobre Ouro Preto, Mariana, Congonhas do Campo, Diamantina e São João Del-Rei. No entanto, a cidade de Sabará fica a somente quinze quilômetros de Belo Horizonte e possui um acervo histórico tão rico quanto as demais cidades mais conhecidas. Além de igrejas barrocas, que são comuns nessas cidades, Sabará tem um Museu do Ouro, um teatro elisabetano – que só Ouro Preto tem igual – e um chafariz em funcionamento, o que é quase inédito nas outras cidades. Aproveitei essas oportunidades para instigar os estudantes a ter contato com esses locais característicos do nosso estado e, com isso, a se interessar pelo conhecimento e pela importância de nossa história.

Um exemplo desse exercício de despertar a curiosidade pela história de um monumento é a Igreja de Nossa Senhora dos Homens Pretos, localizada bem no centro da cidade de Sabará. Ela se encontra inacabada e isso desperta muita curiosidade nos estudantes. Alguns perguntavam se foram os prefeitos que não concluíram a obra. Outros questionavam se, depois de pronta, não houve cuidado para conservá-la e ela se transformou em ruínas. Essa igreja nos possibilita uma rara experiência de entender o período da escravidão. Os escravos trabalhavam em sua construção quando chegou a notícia da Lei Áurea e da abolição da escravatura, o que os levou a abandonar a obra antes do término. Dessa forma, a igreja passou a representar um monumento de denúncia daquele período, visto que expõe quem realmente construía as cidades.

Essas saídas com os estudantes sempre me levaram a ver os trabalhos de campo como momentos significativos da passagem pela escola. Uma vez planejados com a participação deles, realizados e, posteriormente, sistematizados e avaliados, representaram um salto em muitas dimensões do processo educativo, como a socialização, o trabalho em grupo, a vivência em que se estabelecem vínculos entre as reflexões realizadas e o que estudávamos em sala de aula.

Recebemos, no CP, a visita de Madalena Freire para um diálogo com nossas experiências. Ao ver expostas as principais ideias de seu livro *A paixão de conhecer o mundo*, pude refletir sobre o significado daquelas atividades que realizávamos com os alunos e perceber o quanto eram enriquecedoras para suas experiências escolares.

Desenvolvi, também, atividades literárias na companhia do grande amigo Francisco Marques, conhecido como Chico dos Bonecos, no período em que ele trabalhou no Centro Pedagógico. Com sua produção intitulada *Carretel de invenções,* "viajamos" com os meninos e meninas mundo afora.

Recentemente, tive o orgulho de assistir a uma defesa no Departamento de Comunicação da UFMG, na qual uma ex-aluna daquele tempo defendeu seu doutoramento (LIMA, 2015) sobre música a partir de trilhas sonoras em filmes de curta metragem. Lembrei-me muitas vezes, juntamente com outros ex-professores presentes, o quanto aquele ambiente do CP tinha sido terra fértil para voos como o dela.

O ingresso na Faculdade de Educação

Em 1996, realizei novo concurso, dessa vez para o Departamento de Administração Escolar, e ingressei como docente na Faculdade de Educação da UFMG, atuando na graduação e na pós-graduação; nas atividades de pesquisa, extensão e administração; na liderança e participação em grupos de pesquisa; e como membro de comissões editoriais/científicas e parecerista ad hoc de congressos, periódicos e agências de fomento.

O ensino na graduação

Quando iniciei na Faculdade de Educação (FaE), lecionei a disciplina Política Educacional para estudantes de vários cursos de licenciatura. Para alguns colegas, essa diversidade de estudantes limitava sua atuação. Diziam que a discrepância existente dificultava impor um ritmo de leituras e de discussão durante o curso. Com o "furor pedagógico" em que me encontrava, percebia, naquela diversidade, a riqueza das distintas áreas no campo da educação, visto que poderíamos nos abrir para conhecer as múltiplas dimensões sobre os sujeitos produzidas por curso. Para muitos alunos, a disciplina representava o primeiro contato – muitas vezes decisivo para a definição de suas escolhas profissionais – com leituras e discussões sobre a área de educação, o que tornava o trabalho instigante.

No curso de Pedagogia, com turmas mais homogêneas se comparadas às das licenciaturas, trabalhei com as disciplinas Políticas Públicas, Movimentos Sociais e Cidadania; Processos Educativos nas Ações Coletivas e Organização do Ensino Fundamental. Nelas, busquei sempre estabelecer relações entre as demandas da população organizada em movimentos sociais e a formulação de políticas públicas para a educação. Busquei, também, refletir sobre a dimensão educativa presente nessas ações.

Desde 1986, havia no curso de Pedagogia uma habilitação para quem quisesse atuar na educação de jovens e adultos, que compreendia seis disciplinas a serem cursadas nos dois últimos anos da graduação. Entre o período do meu ingresso na FaE e 2006, lecionei nessa habilitação as disciplinas Currículos e Programas para a Educação de Jovens e Adultos; Estágio Curricular em Educação de Jovens e Adultos; e Organização da Educação de Jovens e Adultos.

Após a aprovação das Diretrizes Curriculares para o curso de Pedagogia em 2006, houve uma reformulação no currículo, e as cinco opções de continuidade do curso passaram a ser denominadas de formação complementar, quais sejam: Administração de Sistemas e Instituições de Ensino; Educador Social; Educação de Jovens e Adultos; Ciências da Educação e Formação Complementar Aberta. Dessa forma, no sexto período, os estudantes de pedagogia optam por dar continuidade ao curso em uma das cinco formações complementares oferecidas.

A antiga habilitação em EJA passou a ser, portanto, uma formação complementar composta por cinco disciplinas: Políticas Públicas, Movimentos Sociais e Cidadania; Fundamentos Teórico-Metodológicos da Educação Popular; Organização da Educação de Jovens e Adultos; Metodologia da Alfabetização de Jovens e Adultos; e Prática em Educação de Jovens e Adultos.

Desde então, tenho trabalhado na graduação com as disciplinas Organização da Educação de Jovens e Adultos e Prática em Educação de Jovens e Adultos. Entre os textos que utilizo para a compreensão desse campo, destaco o livro *Paulo Freire para educadores*, de Vera Barreto, que aborda a contribuição de Freire para a educação brasileira, em especial a educação de adultos.

No decorrer desses anos, desenvolvi uma metodologia de trabalho com base em registros das aulas escritos pelos alunos. Inicialmente, essas anotações eram feitas em um caderno. A cada aula, um aluno assumia a escrita de um relato a ser apresentado na aula seguinte, com liberdade para escolher o estilo que lhe fosse mais apropriado. Essa parte inicial da aula funcionava como um aquecimento, uma retomada dos pontos e das questões discutidas anteriormente, costurando um itinerário ao longo do curso. Ao final do curso, tínhamos um caderno com anotações de todas as aulas.

Se por um lado isso era muito positivo, pois continha o registro do que de mais importante ocorrera no curso, por outro os estudantes reclamavam que o caderno ficava com o professor e que, assim, eles não tinham acesso a essa sistematização. Sugeriram, com isso, que passássemos a adotar o registro em disquetes. Estávamos no início dos anos 2000 e a tecnologia existente nos propiciava essa mudança. Dessa forma, no ano seguinte as aulas passaram a ser registradas nos disquetes e, ao final do curso, um aluno se encarregava de reunir todos os arquivos em um só disquete e reproduzi-los para os demais colegas. Com a chegada dos CDs, um passo mais ousado foi dado, tendo em vista que esse novo artefato midiático possibilitava registrar, além das anotações escritas, imagens, fotos e outros arquivos a serem pesquisados. As apresentações tornaram-se mais criativas e mais ricas, pois, com o novo recurso, passaram a incorporar um número maior de informações. Ao final do curso, reuniam-se os arquivos em um único CD, que era reproduzido para os demais estudantes. Indagado por uma de minhas orientandas de pós-graduação sobre a importância dessa metodologia desenvolvida em sala de aula, escrevemos um texto em conjunto e o publicamos no livro *Práticas de educação de jovens e adultos*.

O ensino de graduação tem sido, portanto, uma dimensão da atividade como professor universitário a que me dedico com empenho, pois é nela que se dá, no cotidiano, a formação do educador. Nesse sentido, é sempre gratificante ser escolhido, como tem ocorrido com frequência nos últimos anos, como paraninfo ou professor homenageado pelas turmas do curso de Pedagogia.

Desde o início do meu trabalho como professor do ensino superior, dedico-me à orientação de bolsistas de iniciação científica. Até o momento, foram dezoito orientações concluídas e duas em andamento. Tenho procurado envolver os estudantes nas pesquisas que realizo tanto na fase de elaboração dos projetos como na execução, sistematização, apresentação de resultados e publicação. Muitos desses bolsistas deram prosseguimento à pesquisa como mestrandos e doutorandos. Outros se engajaram como docentes da EJA na educação básica.

Todos os anos, a UFMG organiza a Semana do Conhecimento e Cultura, na qual os bolsistas de iniciação científica apresentam as pesquisas realizadas no programa. Em 2007, uma de minhas bolsistas, Clarice Wilken de Pinho, foi premiada por sua apresentação, recebendo passagens e hospedagem para participar da 59ª Reunião Anual da SBPC, realizada em Belém.

Sempre que possível, tenho incentivado e apoiado as bolsistas a participar de eventos acadêmicos, como o Congresso de Leitura do Brasil (Cole), o Encontro Nacional de Didática e Prática de Ensino (Endipe), a ANPEd regional, a ANPEd nacional, os fóruns de EJA e os Encontros Nacionais de Educação de Jovens e Adultos (Eneja). A bolsa de iniciação científica representa, para o professor, um significativo apoio que permite a viabilização da atividade de pesquisa, em conjunto com as outras atividades inerentes ao trabalho docente, no cotidiano da universidade. Para o estudante, a bolsa é uma oportunidade de formação simultânea ao curso de graduação, que contribui efetivamente para a preparação de novos pesquisadores para o campo.

Além de bolsistas de iniciação científica, orientei trabalhos de conclusão do curso de Pedagogia sobre temáticas relativas à EJA, contribuindo também para a formação de futuros pesquisadores. Participei ainda das bancas de defesa desses trabalhos.

Orientações e pesquisas na pós-graduação

Desde que entrei na Faculdade de Educação, sempre atuei na graduação formando pedagogas e pedagogos para trabalhar na EJA. Mantinha minha participação no Projeto Supletivo do Centro Pedagógico e desejava ingressar na pós-graduação para iniciar uma nova etapa de formação de pesquisadores. Juntamente com a professora Maria Amélia Gomes Giovanetti e o professor Luiz Alberto Gonçalves, formamos a Linha de Pesquisa em Educação de Jovens e Adultos. A professora Amelinha acolheu-me em seu grupo de pós-graduandos, possibilitando-me acompanhar, durante um ano, suas atividades de orientação. Além de essa atividade ter sido fundamental para me familiarizar com o cotidiano de um programa de pós-graduação, aprendi a analisar projetos, acompanhar os procedimentos da pesquisa e a concluir, junto aos orientandos, suas investigações.

Quero aproveitar para homenageá-la neste texto pelo que ela representou e representa na trajetória de muitos educadores e educadoras de jovens e adultos, pela sensibilidade para com os processos das pessoas, pelo respeito aos limites e às decisões por elas tomadas, pela dedicação quase ilimitada para auxiliá-las na superação de seus obstáculos e por sua aposta irrestrita à educação popular.

Na época em que realizei o mestrado (1983-1987), tinha por hábito acompanhar as defesas das dissertações com o intuito de me inteirar das distintas temáticas pesquisadas e de me familiarizar com aquele ritual. De fato, após vivenciar diferentes formatos de apresentação, bem como variados temas, considero que consegui apreender o objetivo e o significado daquele momento singular para os pós-graduandos. Atualmente, revendo a minha trajetória na pós-graduação, vejo que, além das vinte e duas orientações de mestrado e das quatorze orientações de doutorado concluídas, participei de mais de cem bancas de mestrado e mais de trinta de doutorado, além de mais de quarenta bancas de qualificação, entre mestrados e doutorados.

A primeira experiência de banca foi em 1998, na defesa de doutorado da professora Tânia Moura, no Programa de Currículo da Pós-Graduação da PUC-SP, sob o título: "Alfabetização de Adultos: Freire, Ferreiro e Vygotsky, contribuições teórico-metodológico à formulação de propostas pedagógicas". Como iniciante, lembro-me que cheguei à banca com páginas de considerações e questões, além de certa dificuldade em selecionar, entre tudo aquilo, o que abordar. Com o tempo e a experiência, fui aprendendo a tecer considerações gerais e a formular três ou quatro questões mais relevantes para arguir.

Considero o fato de participar dessas bancas um raro momento de trabalho entre pares, no qual posso me debruçar sobre problemas e questões candentes da educação e ouvir leituras distintas para objetos de pesquisa comuns. É, também, uma oportunidade de estar em outros programas de pós-graduação e de conhecer realidades distintas. São anos de trocas e de aprendizagens que procuro incorporar e aprimorar no modo de trabalhar com meus orientandos.

Após o ingresso definitivo no programa de pós-graduação, também passei a ofertar disciplinas obrigatórias e optativas. Pude, ainda no período inicial de minha inserção, ofertar com colegas as disciplinas: Análise Crítica da Prática Pedagógica; Desenvolvimento de Projeto de Pesquisa I; e Desenvolvimento de Projeto de Pesquisa II. Essas disciplinas estavam – até a reforma curricular ocorrida em 2000 – organizadas nos mesmos moldes de quando cursei o meu próprio mestrado, detalhado anteriormente neste texto. Ofereci, também, diversos cursos que tinham como objetivo aprofundar os estudos na área de educação de jovens e adultos, em suas relações com a educação escolar e com os movimentos sociais, tais como: Pesquisas Avançadas em EJA; Educação, Cidadania e Movimentos Sociais; Estudos e Pesquisas em Educação de Jovens e Adultos; Processos e Discursos Educacionais: Desafios da Educação de Jovens e Adultos; Tendências do Pensamento Educacional: Desafios da Educação de Jovens e Adultos; e Tópicos Especiais em Educação II: Paulo Freire.

Em 2005, a nossa linha de pesquisa na pós-graduação (Educação, Cultura, Movimentos Sociais e Ações Coletivas) iniciou uma série de publicações de sua produção em forma de livros. O primeiro deles, organizado por Maria Amélia Giovanetti, Nilma Lino Gomes e por mim, intitulado *Diálogos na educação de jovens e adultos*, expõe um conjunto de capítulos divididos em cinco partes, nas quais cada membro da linha apresenta as pesquisas que realizavam naquele momento. A primeira parte foi dedicada à temática das juventudes; a segunda, aos sujeitos coletivos e às políticas públicas; a terceira, à cultura popular; a quarta, à escola; e a última, à formação de educadores.

A segunda publicação coletiva da nossa linha de pesquisa foi em conjunto com nossos orientandos da pós-graduação. Em 2009, publicamos *Sujeitos da educação e processos de sociabilidade – Os sentidos da experiência*, organizado por Isabel de Oliveira e Silva e por mim. Novos temas foram incorporados à publicação, levando-se em conta os objetos de pesquisa dos orientandos. Dessa forma, o livro foi dividido em três partes, intituladas: Interculturalidade e educação; Educação de jovens e adultos: experiências e sentidos; O jovem e a escola: direitos, sociabilidades e identidades.

Durante anos, trabalhei a disciplina Paulo Freire com a professora Lúcia Helena Alvarez Leite, problematizando a vida e as contribuições de Paulo Freire para a educação. No início de cada semestre, fazíamos um levantamento das motivações e das expectativas dos estudantes inscritos, bem como do que já leram e discutiram sobre Paulo Freire. Em seguida, planejávamos uma aula em que era trabalhada, em sala, parte do nosso acervo pessoal escrito *por* Paulo Freire e *sobre* Paulo Freire. Desse contato, inicial para alguns e familiar para outros, realizávamos uma discussão para selecionar o livro a ser lido – de forma exaustiva e aprofundada – pela turma.

O objetivo do curso tem sido relacionar o livro em estudo com as questões de pesquisa dos estudantes, a fim de contribuir com suas indagações. Pós-graduandos da Faculdade de Educação e de outros institutos têm procurado o curso, buscando ora conhecer melhor as contribuições de Paulo Freire, ora discutir mais profundamente e incorporá-lo às suas pesquisas. Desde o início da oferta dessa disciplina, já trabalhamos com os seguintes livros do autor: *Pedagogia do Oprimido*; *Educação como prática da liberdade*; *Pedagogia da Autonomia*; e *Pedagogia da Esperança*.

O texto de Miguel Arroyo (2000), no qual ele se refere a Freire como mestre de nosso ofício, expressa o que o curso tem significado para os que o demandam: a busca em direção a "recuperar a humanidade roubada".

Incorporamos a atividade de registro da aula – já descrita neste texto quando nos referimos ao ensino de graduação – ao curso da pós-graduação sobre Paulo Freire. Atualmente, os pós-graduandos elaboraram uma página na internet na qual todas as aulas são postadas e disponibilizadas para os estudantes, inclusive para os egressos da disciplina.

É também da natureza do professor universitário participar de bancas de concursos. A cada ano, participo da seleção de candidatos ao nosso Programa de Pós-Graduação em Educação (PPGE). Trata-se de uma seleção longa, que geralmente tem início no mês de agosto e se estende até o mês de dezembro, incluindo provas escritas, análise de projetos de pesquisa e entrevistas com os candidatos.

Há também os concursos para ingressar na universidade. Tenho aceitado a participação nessas bancas na medida do possível, principalmente quando o concurso é da área da educação de jovens e adultos. Nos últimos anos, um número razoável de concursos tem sido realizado para o ingresso de professores dessa área nas universidades, contribuindo para a ampliação da oferta de disciplinas obrigatórias e optativas, além dos estágios supervisionados a ela relativos, nas instituições de ensino superior (IES).

Participei na Unicamp, em 2015, de uma banca de concurso de livre-docência para a área de política educacional. Foi uma experiência particularmente enriquecedora, tanto pelo significado do concurso quanto por coincidir com o momento em que eu iniciava a escrita deste texto. Foi um marco ter participado, em 2017, na Universidade Federal da Paraíba (UFPB), com Osmar Fávero, da banca de professor titular de Timothy Ireland,[36] uma referência nacional e internacional no campo da educação de jovens e adultos.

Orientações na pós-graduação

Iniciei o trabalho de orientação com quatro estudantes de mestrado em 1998. Como detalharei a seguir, os trabalhos desses orientandos já expressavam as necessidades que as ações e reflexões em torno da EJA impunham para pesquisa naquele momento em que o campo estava em processo de configuração: todas elas focalizavam os sujeitos da EJA em seus singulares pertencimentos sociais, religiosos e de gênero. A experiência vivida como mestrando e o acompanhamento do grupo da professora Amelinha contribuíram para que essa etapa fosse desenvolvida sem muitos percalços. Outra iniciativa que contribuiu para acrescentar conhecimento e experiência ao processo iniciado foi a formação de um grupo de estudos para discutir a experiência de orientar. Éramos três professores que, ao ingressar na pós-graduação, solicitamos à professora Eliane Marta Teixeira Lopes alguns encontros para socializarmos o que estávamos fazendo, ao mesmo tempo em que avançávamos com leituras sobre a temática. Lemos e discutimos um texto de autoria da própria Eliane Marta (1992) e, em seguida, o texto "Au Séminaire" (1984), de Roland Barthes. Participar desse

---

[36] Timothy foi, entre outros, fundador do Projeto Escola Zé Peão na Paraíba. Esteve à frente da Diretoria de Educação de Jovens e Adultos na Secadi (2004-2007) em um momento de grande expansão de projetos e programas de EJA. Posteriormente, trabalhou na Unesco em Brasília (2008-2011), integrando a equipe que planejou e realizou a sexta edição da Conferência Internacional de Educação de Adultos no Brasil, em 2009.

momento de estudo nos trouxe mais segurança e nos permitiu familiarizar com a função de orientar pesquisas, o que tem sido um exercício de abrir-se a novos desafios. Como o campo de estudos é relativamente recente, são diversos os objetos e as questões de pesquisa apresentados.

No meu primeiro grupo de orientandos, pautávamos nas reuniões o momento em que cada um estava na pesquisa e discutíamos coletivamente à medida que surgiam questões comuns. Construímos um clima cooperativo em que uns contribuíam com os outros, exercemos uma solidariedade acadêmica que favoreceu a todos acompanhar as pesquisas dos colegas até o momento final da defesa.

Dos quatro primeiros trabalhos que orientei, dois foram sobre alfabetização. O primeiro, intitulado *Os significados atribuídos ao processo de alfabetização na voz dos adultos*, de Maria Lúcia dos Santos, elegeu como objeto de estudo um tema bastante explorado pelas pesquisas realizadas naquele momento. Prova disso é o número significativo de trabalhos sobre a temática da alfabetização de adultos apresentados nas décadas de 1980 e 1990 no Encontro de Educação de Jovens e Adultos Trabalhadores, no Congresso de Leitura do Brasil (Cole). A segunda orientação resultou na dissertação "Mulheres adultas das camadas populares e a especificidade da condição feminina na busca de escolarização", de Vera Lúcia Nogueira, que procurou compreender o que existia de singular quando mulheres buscavam se alfabetizar. Nesse momento, já incorporávamos as discussões de gênero nas pesquisas sobre EJA, que se tornariam mais recorrentes na década seguinte.

O terceiro trabalho orientado teve como temática a negação do direito à educação. Em *Educação ainda que tardia: a exclusão da escola e a reinserção em um programa de jovens e adultos das camadas populares*, Geovânia Lúcia dos Santos buscou compreender as dificuldades enfrentadas por aqueles que, depois de passados muitos anos, voltam a estudar. A realização de pesquisas com egressos de projetos de EJA, naquele momento ainda rara, revela-se fundamental para compreender os significados atribuídos pelos sujeitos ao processo de escolarização e para avaliar os efeitos que esse tipo de experiência exerce em suas vidas.

O último trabalho desse primeiro grupo de orientandos foi o que considero, atualmente, mais desafiador. A necessidade de compreensão de determinados fenômenos – como a diversidade que caracteriza os sujeitos da EJA – levou-nos a orientar a pesquisa "Jovens pentecostais e a escola noturna: significados atribuídos às experiências escolares", de Heli Sabino de Oliveira a ampliar nosso campo de investigação para a temática da ciência das religiões. Quando constatamos, depois de quase duas décadas após o início da dissertação de Heli, que ainda temos poucas pesquisas que se debruçam sobre a diversidade religiosa dos educandos da EJA, podemos considerá-la um trabalho inaugural.

Uma vez que esse processo foi muito positivo, decidimos organizar uma publicação coletiva com os resultados dos trabalhos. Estabeleceu-se que cada um escreveria um texto, que teria como supostos leitores os educadores e os interessados em pesquisar a EJA. Dessa forma, continuávamos nos encontrando depois das defesas para discutir cada texto e, após sucessivas reflexões, publicamos o livro *Aprendendo com a diferença*, inaugurando uma coleção da Autêntica Editora denominada Estudos e Pesquisas em Educação de Jovens e Adultos.

Após esse primeiro grupo de mestrandos, passei a orientar temas que ora se mostravam próximos aos já pesquisados, ora nos instigavam para novos desafios. Até o momento, foram vinte e duas dissertações orientadas sobre, entre outros temas, a EJA nos projetos de extensão; expectativas e motivações de sujeitos da terceira idade; currículos, tempos, espaços e gestão da EJA; trabalho em equipe, trajetórias e especificidades de educadores de EJA; os jovens e a cultura; a diversidade dos sujeitos da EJA; alfabetização e letramento de adultos; a formação de educadores nos fóruns de EJA; a informática na EJA. Em 2018, orientei três dissertações de mestrado que aprofundam temas já investigados por ex-alunos e/ou propõem a compreensão de dimensões ainda não trabalhadas anteriormente, como as relações entre a escolarização de adultos e a educação popular e a (re)apropriação dos espaços urbanos pelos sujeitos da EJA.

Em 2002, iniciei a orientação de teses de doutorado. Desde então, foram quatorze trabalhos concluídos, entre outros temas, sobre a contribuição do legado da educação popular para a configuração da EJA; o currículo na EJA; os sujeitos privados de liberdade e a EJA; a corporeidade e a EJA; a EJA em espaços religiosos; a diversidade sexual dos sujeitos na escola; modos de pensamento de adultos em processo de escolarização; tecnologias da informação da EJA; formação de educadores para a EJA, em perspectiva histórica[37] e na contemporaneidade.[38] Orientei uma tese sobre formação de educadores em uma perspectiva comparada (Brasil e Chile). Essa última orientação foi desenvolvida no contexto do Doutorado Latino-Americano.[39] Orientar essa pesquisa tem significado imergir no contexto da América Latina e estabelecer vínculos entre pesquisadores brasileiros e chilenos. Duas grandes temáticas se destacam nesse conjunto de trabalhos. O público da EJA foi objeto de quase

---

[37] Os resultados da pesquisa "Elementos para a construção das especificidades na formação do educador da EJA", desenvolvida por Fernanda Aparecida Rodrigues e Silva, foi apresentada em diversos eventos da área de história da educação, como o XI Congresso Ibero-Americano de História da Educação Latino-Americana (CIHELA), realizado em 2014 no México.

[38] A lista dos orientandos com os respectivos títulos dos trabalhos e teses de dissertação pode ser visualizada no Lattes: <http://lattes.cnpq.br/>.

[39] Com ênfase nas áreas de Políticas Públicas em Educação e Profissão Docente, o Doutorado Latino Americano faz parte de um Acordo de Cooperação Internacional entre a Unesco e onze universidades latino-americanas, assinado em 2009.

A atuação como professor e pesquisador na UFMG

metade das teses orientadas, contribuindo para compreender mais profundamente a condição desses sujeitos. Por sua vez, quase um terço dos trabalhos teve como tema a formação continuada de educadores de jovens e adultos, possibilitando um aprofundamento de questões que tenho desenvolvido em minhas próprias pesquisas. Certamente não foi por acaso que essas temáticas emergiram, principalmente, na última década, período de expansão do atendimento aos jovens e adultos que marcou a consequente diversificação do seu público, apresentando novas demandas para a formação de educadores. Em 2018 orientei três teses, duas das quais sobre os sujeitos da EJA (uma delas estuda os egressos de programas de jovens e adultos que frequentam o ensino público superior, enquanto a outra focaliza as demandas da terceira idade para a educação) e outra sobre o desenvolvimento profissional de educadores de EJA. Orientar esses trabalhos possibilitou-me dar continuidade e, ao mesmo tempo, abrir novas perspectivas ao aprofundamento de temas recorrentes – e acompanhado a produção acadêmica sobre EJA no Brasil – desde o início de minha trajetória.

Formamos um grupo de orientação coletiva, Gruppeja, que se reúne mensalmente. Nesses encontros, pautamos as temáticas que são investigadas e discutimos textos de aprofundamento sobre questões teórico-metodológicas correlacionadas aos objetos de pesquisa. Também é da nossa prática convidar um ex-orientando para expor sua experiência de pesquisa desde a elaboração do projeto e seu desenvolvimento até o momento da escrita.

Atividades de pesquisa

A realização do mestrado no período de 1983 a 1987 foi minha primeira experiência de pesquisa. Em seguida, o doutorado, realizado de 1989 a 1995, representou um aprofundamento e um aprimoramento no campo da investigação acadêmica.

Ao entrar, em 1996, como professor na Faculdade de Educação, realizei uma pesquisa, financiada pela Fapemig, sobre a política da EJA em Minas Gerais, entre 1991-1996, tendo – como bolsista – a estudante do curso de História, Carla Nunes da Silva. A pesquisa constatou uma tendência na expansão dos cursos de EJA com avaliação no processo, ou seja, que realizam provas e têm autorização para certificar. Dos dois únicos cursos privados existentes até 1991 (Roma e Promove), com autorização para desenvolver avaliação no processo e certificar seus alunos na própria instituição, passamos para mais de quinhentos em 1996. Esse impacto foi devido, em grande parte, à aprovação, em 1991, da Resolução 386 do Conselho Estadual de Educação, que flexibilizou a legislação da EJA no Estado. A Constituição de 1988 havia estabelecido o direito de todos à educação, mas os artigos referentes à educação só foram regulamentados pela LDB 9.394 em 1996. No período posterior à Constituição, as iniciativas emergentes da EJA pressionaram os sistemas de ensino no sentido de adequar a legislação estadual, que já se encontrava desatualizada. Constata-se que o tema do direito à educação continuou presente nessa nova proposta, uma vez que a expansão dos cursos com avaliação no processo ocorreu prioritariamente na rede privada. Os resultados dessa pesquisa (SOARES, 1998a) foram apresentados na ANPEd no mesmo ano.

Ainda em 1998, realizei uma pesquisa documental na sede da Unesco, em Paris, com o propósito de comparar os objetivos, as programações e as delegações presentes nas diferentes edições das Conferências Internacionais de Educação de Adultos (Confintea). Uma das constatações da pesquisa foi a de que, entre os inscritos como delegados pelo Brasil, nenhum nome que pudesse se comprometer com algum retorno para o campo da educação de jovens e adultos era reconhecido pela literatura como atuante na área da EJA. Houve casos em que o escolhido foi aquele locado em alguma embaixada mais próxima, facilitando a sua presença.

Com a flexibilização da EJA, constatada na pesquisa anterior, algumas questões tornaram-se ainda mais centrais nas propostas, demandando novos estudos e pesquisas. Entre elas, destaca-se a necessidade de reflexão acerca do educador de jovens e adultos, sua formação e atuação. Pensar na preparação desse educador é profissionalizar um campo tratado como "provisório", concebendo a população a ser atendida como "residual". Em função disso, começamos a desenvolver em 1999, com a colaboração de outros colegas da FaE, um projeto integrado de pesquisa sobre a formação do educador de jovens e adultos, enfocando a formação inicial, a formação continuada e a formação do educador fora dos espaços acadêmicos. No âmbito do projeto integrado, novamente com financiamento da Fapemig, assumi a pesquisa relacionada à formação continuada dos educadores de jovens e adultos e procurei acompanhar as estratégias de formação nas redes municipais das cidades de Belo Horizonte, Contagem e Betim, sendo minha bolsista de iniciação científica a estudante de pedagogia, Daniela de Carvalho Lemos, que atualmente é professora da Rede Estadual de Ensino de Minas Gerais. Os resultados parciais dessa pesquisa foram apresentados no Congresso Brasileiro de Qualidade na Educação, realizado em Brasília em 2001. A pesquisa foi concluída em 2002 e seus resultados apresentados no VII Encontro de Pesquisa da Faculdade de Educação da UFMG.

A outra pesquisa (SOARES, 2008) realizada depois que me tornei professor da FaE (2001-2005) verificou a formação inicial do educador e visou a conhecer o egresso da habilitação em EJA do curso de Pedagogia da UFMG. Essa pesquisa contou com o financiamento do CNPq e bolsas de IC da Fapemig para as estudantes de pedagogia Adriana Cristina Salgado e Fernanda Maurício Simões, que fizeram o mestrado também na FaE e, posteriormente, foram professoras da Rede Municipal de Educação da Prefeitura de Belo Horizonte. Inicialmente, realizamos um levantamento para saber quantos estudantes haviam concluído a habilitação em EJA desde sua criação, em 1986, até 2002. Em seguida, procuramos saber onde estavam esses profissionais e quem estava atuando na educação de jovens e adultos. Os dados preliminares da pesquisa, coletados por meio de questionários e entrevistas, assustaram-nos.

Durante 17 anos da existência da habilitação, somente 140 estudantes constavam como formandos nessa área. Do total de 79 ex-alunos que responderam ao questionário, apenas 22 atuavam com a educação de jovens e adultos naquele momento. Surgiu, com isso, uma questão a ser investigada: por que a grande maioria não estava atuando na área em que havia se formado? Se, por um lado, a pesquisa anterior sobre formação continuada apontava a necessidade de se ter um profissional com uma formação específica para trabalhar com jovens e adultos, por outro, as formandas declararam nessa pesquisa que não conseguiram trabalhar com a EJA pela indefinição do lugar desse profissional na escola. Conhecer o egresso da habilitação em EJA significou compreender os dilemas vividos por esses profissionais na definição da carreira. Ser habilitado em EJA não garantia a atuação em turmas de EJA. A desistência de muitos egressos em atuar na área pode ser explicada, pelo menos, com base em dois fatores: a inexistência de um concurso específico para EJA nas redes públicas e o desprestígio resultante da "falta de lugar" nos sistemas de ensino. Os resultados da pesquisa foram apresentados no Cole em 2003, no Endipe em 2004 e na ANPEd em 2006.Em 2003, passei a fazer parte do CNPq como bolsista de produtividade, o que me levou a incrementar a atuação na pesquisa, como pode ser visto a seguir.

De 2003 a 2005, participei de uma pesquisa nacional intitulada "Juventude, escolarização e poder local", coordenada pelos pesquisadores Sérgio Haddad, da Ação Educativa, e Marília Sposito, da USP, com financiamento da Fundação de Amparo à Pesquisa do Estado de São Paulo (Fapesp). Foram bolsistas nessa pesquisa as estudantes de pedagogia Priscila

Alves de Vasconcelos, Ana Rosa Venâncio e Clarice Wilken de Pinho, que é professora da Rede Municipal de Belo Horizonte. A pesquisa teve como objetivo realizar um estudo de ações do poder público referentes à juventude e à EJA em cidades de regiões metropolitanas brasileiras.

Essas ações foram divididas em dois grupos: o primeiro, coordenado por Marília Sposito, buscou descrever e analisar políticas de juventude em setenta e quatro municípios de oito regiões metropolitanas;[40] o segundo, composto por pesquisadores, foi coordenado por Sérgio Haddad, que tomou como desafio investigar sete regiões metropolitanas no campo das políticas municipais de EJA. Como parte desse segundo grupo, participei do levantamento das ações de EJA em doze municípios da Região Metropolitana de Belo Horizonte e realizei um estudo de caso em uma escola, intitulado "A educação de jovens e adultos na Escola Municipal Aurélio Pires: tensões, contradições e avanços". O trabalho foi publicado no livro *Novos caminhos em educação de jovens e adultos: um estudo de ações do poder público em cidades de regiões metropolitanas brasileiras*, organizado por Haddad e no periódico *Educar em Revista*.[41]

Devido à realização da pesquisa sobre a formação do educador de jovens em nossa universidade, fomos instigados a conhecer como se realizava essa formação em outras agências formadoras. Dessa maneira, desenvolvemos uma investigação, no período de 2005 a 2008, sobre a presença da habilitação em EJA nos cursos de pedagogia brasileiros, com o apoio do CNPq. Foram bolsistas dessa pesquisa as estudantes de pedagogia:

---

[40] Os resultados dessa pesquisa foram publicados em livro pela Global Editora em 2007, com o título *Espaços públicos e tempos juvenis: um estudo de ações do poder público em cidades de regiões metropolitanas brasileiras*, sob a coordenação de Marília Pontes Sposito.

[41] SOARES, Leôncio; VENÂNCIO, Ana Rosa. Tensões, contradições e avanços: a educação de jovens e adultos em uma escola municipal de Belo Horizonte. *Educar em Revista*, Curitiba, n. 29, 2007b.

Karen Roberta Simão Toledo, Vera das Graças Pereira e Ariane Sampaio Ferreira, esta última professora da Rede Municipal de Educação de Belo Horizonte. Em levantamento realizado na pesquisa, com base nos dados do Instituto Nacional de Estudos e Pesquisas (Inep), dos 1.306 cursos de pedagogia existentes no país, em 2003, apenas dezesseis ofereciam habilitação em Educação de Jovens e Adultos. Nove desses cursos eram mantidos por instituições privadas de ensino superior, e sete, por universidades públicas – duas federais e cinco estaduais. Constatamos, assim, a desproporção entre a demanda em potencial de jovens e adultos acima de 15 anos sem o ensino fundamental completo e a incipiente oferta de formação de educadores para atender a escolarização de jovens e adultos. O atendimento a esse público estava comprometido, uma vez que eram poucas (e ainda são) as instituições que entendem como necessária a preparação adequada desse profissional. Dessa forma, ainda paira a questão a respeito da necessidade de se ter ou não uma formação específica para o educador de jovens e adultos. Os resultados dessa pesquisa, intitulada "A formação inicial do educador de jovens e adultos: um estudo da habilitação de EJA dos cursos de pedagogia", foram apresentados na ANPEd em 2007 e publicados na coletânea *Educação como exercício de diversidade: estudos em campos de desigualdades socioeducacionais*, organizada pela Secretaria de Educação Continuada, Alfabetização e Diversidade (Secadi/MEC) no mesmo ano.

Buscando compreender e indicar os fundamentos necessários à formação do educador de jovens e adultos de modo mais consistente, retornei à história da educação, da qual havia me aproximado no doutorado. A pesquisa então realizada – "Educação e cultura popular nos anos 60" – foi, nessa direção, desenvolvida no decorrer do pós-doutoramento na Universidade Fluminense, sob a supervisão do professor Osmar Fávero, em 2006, com bolsa do CNPq. Essa pesquisa começou a ser delineada no período em que estive como professor visitante na Universidade Federal de Pernambuco, entre 2002 e 2003, quando havia realizado, de forma exploratória, entrevistas com educadores populares, professores universitários e participantes dos movimentos de cultura popular dos anos 1960.

Como professor visitante na UFPE, atuei nos cursos de graduação e pós-graduação. Lecionei as disciplinas Educação Popular para o curso de Pedagogia e Educação Brasileira Contemporânea para o Programa de Pós-Graduação em Educação do Centro de Educação da universidade. Realizei, ainda, pesquisa de fontes sobre o I Encontro Nacional de Alfabetização e Cultura Popular, ocorrido em Recife em 1963. Aguçei meu interesse sobre esse encontro quando li, pela primeira vez, alguns anos antes, o livro de Vanilda Paiva – *História da educação popular no Brasil: educação popular e educação de adultos*. A autora menciona brevemente o evento, ressaltando sua importância ao reunir, pela primeira vez, movimentos de cultura e educação antes do Golpe Militar de 1964. Encontrei também referências ao encontro no livro *Cultura popular e educação popular: memórias dos anos 60*, organizado por Osmar Fávero.

Dos movimentos da década de 1960, um dos mais significativos foi o Movimento de Cultura Popular de Recife (MCP). Durante o período como professor visitante, entrevistei alguns personagens importantes dessa história: o professor João Francisco de Souza, que gentilmente me cedeu um exemplar do Memorial do MCP,[42] já extinto; Germano Coelho, ex-coordenador do MCP; e Paulo Rosas, que havia trabalhado junto a Paulo Freire. Na entrevista com a professora Silke Weber, ela ressaltou uma questão muito importante: a disputa pelo conceito de cultura popular no início dos anos 60. Ao pesquisar jornais de Pernambuco, localizei matérias publicadas à época sobre o MCP e a realização do Primeiro Encontro de Alfabetização e Cultura Popular. Mais tarde, em 2006, daria continuidade a

---

[42] Ver: MEMORIAL..., 1986.

essa pesquisa em meu primeiro pós-doutorado, com o professor Osmar Fávero, na Universidade Federal Fluminense (UFF).

Durante minha permanência na UFPE, participei de uma banca de mestrado sob a orientação do professor Artur Morais. Fui convidado para banca de mestrado na UFAL, sob a orientação da professora Tânia Moura; na UFPB, sob a orientação do professor Timothy Ireland; e na UFCE, para uma defesa de doutorado sob a orientação da professora Eliane Furtado. Aproveitando minha presença na região Nordeste, fui convidado a proferir palestras nos Fóruns de Educação de Jovens e Adultos de Pernambuco, de Alagoas e do Rio Grande do Norte.

Em 2006, já no pós-doutorado na UFF, pude pesquisar o rico acervo de documentos do professor Osmar Fávero sobre os movimentos de educação e cultura popular do início da década de 1960. Com base na leitura da tese de doutorado (2006) de Fávero sobre a participação popular no MEB, e no intuito de compreender – mais profundamente – o trabalho desenvolvido por esse movimento no âmbito da educação e da cultura popular, decidimos continuar a pesquisa com participantes dos demais movimentos do mesmo período histórico. Naquela época, fui a São Paulo entrevistar os educadores populares José Carlos Barreto e Vera Barreto, na sede da ONG Vereda, onde eles atuavam então. No Rio, entrevistei Aída Bezerra, da ONG SAPÉ, e Moacyr de Góes, que havia coordenado a experiência "De pé no chão também se aprende a ler" em Natal.

Como produto do pós-doutorado, publicamos um livro (SOARES; FÁVERO, 2009a) sobre o Primeiro Encontro Nacional de Alfabetização e Cultura Popular, contendo a programação do evento, atividades desenvolvidas, relatórios dos principais movimentos da época e documentos resultantes do Encontro.

De 2007 a 2009, com financiamento da Fapemig, realizei uma pesquisa sobre o Fórum Mineiro de Educação de Jovens e Adultos, com bolsas de extensão para as estudantes de pedagogia Eliete dos Santos Campos e Isabela Cristina Alves Coelho.

Desde a criação do Fórum Mineiro de EJA em 1998, iniciou-se uma mobilização para o surgimento de fóruns regionais com o intuito de expandir as discussões a respeito da oferta da EJA. O objetivo da pesquisa foi constituir um acervo no Neja-UFMG com o mapeamento dos fóruns regionais, enfatizando suas origens e suas trajetórias. Com base na coleta de documentos como atas, reportagens, folders e fotos, organizamos um banco de dados dos fóruns das regiões do Vale do Aço, com sede em Ipatinga; do Oeste mineiro, com sede em Divinópolis; das Vertentes, com sede em São João Del-Rei; do Norte de Minas, com sede em Montes Claros; da Zona da Mata, com sede em Juiz de Fora; do Sudeste mineiro, com sede em Viçosa; dos Inconfidentes, com sede em Mariana; e do Triângulo Mineiro, com sede em Uberlândia. A pesquisa identificou, por intermédio de seus grupos de extensão ou de pesquisa em EJA, a presença de universidades públicas na maioria das regiões como um espaço de acolhimento e de apoio para a existência dos fóruns. Destaca-se, entre outras, a presença da UFV, Unimontes, UFJF, Ufop, UFSJ e UFU. De outro lado, a pesquisa identificou também a existência de municípios onde a EJA se encontrava mais consolidada, como as cidades de Ipatinga e Divinópolis. De modo geral, a existência desses fóruns contribuiu para a realização de encontros entre professores, estudantes, gestores, pesquisadores e participantes de grupos populares, de igrejas, de sindicatos e de movimentos sociais. A forma de se organizar variava de fórum para fórum, mas todos mantinham uma configuração de eleger uma temática para ser debatida entre os participantes, visando qualificar sua intervenção na formulação das políticas públicas. O banco de dados dessa pesquisa subsidiou duas dissertações de mestrado: uma sobre a dimensão formativa dos fóruns regionais (SILVA, 2008) e outra sobre dimensão política do Fórum Mineiro (Ferreira, 2008).

A pesquisa que realizei, de 2007 a 2010, com financiamento do CNPq, teve como objetivo investigar as especificidades inerentes à formação do educador de jovens e adultos. Foram bolsistas nessa pesquisa as estudantes de pedagogia Walquíria de Souza Euzébio, Rebeka Queiroz Domingues, Marina Siqueira Mendes, Nayara Braga Heindenreich e Márcia Silva Marques, esta última professora da Rede Municipal de Educação de Belo Horizonte. Fizemos um levantamento de instituições de ensino superior que desenvolviam algum tipo de iniciativa de EJA e identificamos sessenta e três projetos. Com base em elementos como tempo de existência, tradição, história e impacto na comunidade, selecionamos quatro projetos em distintas regiões do país: Projeto Escola Zé Peão/PB, Projeto Paranoá/DF, Projeto de Ensino Fundamental para Jovens e Adultos – Proef/MG e Centro Municipal de Educação do Trabalhador Paulo Freire – CMET/RS. No processo de escuta dos entrevistados dessa pesquisa, eram recorrentes os discursos sobre a existência de uma especificidade na EJA que indicava a necessidade de formação própria para seus educadores. Tomando por base esse "achado", passamos a envidar esforços no sentido de localizar, compreender e fundamentar as especificidades da EJA e as demandas para a formação do educador de jovens e adultos em novas pesquisas. Os resultados foram apresentados na ANPEd/Sudeste em 2009.

De 2008 a 2010, instigado pelo professor Nilton Fischer, realizei uma pesquisa *free,* sem financiamento, sobre o Estado da Arte de Educação de Jovens e Adultos, na qual lemos e analisamos 120 trabalhos apresentados de 1998 a 2008 no GT de EJA da ANPEd. Após análise, esses trabalhos foram agrupados em sete categorias: sujeitos; políticas públicas; alfabetização; escolarização; currículo e práticas pedagógicas; mundo do trabalho e formação do educador. Essa pesquisa se desenvolveu com os pós-graduandos inscritos na disciplina Pesquisas Avançadas em EJA, que é parte do nosso programa. Os textos produzidos com base nas temáticas dos trabalhos apresentados foram publicados no livro *Educação de jovens e adultos: o que revelam as pesquisas* (SOARES, 2011).

Entre 2010 e 2013, realizei outra pesquisa que teve como foco, uma vez mais, a discussão sobre o reconhecimento das especificidades da educação de jovens e adultos, realizada com base na análise da constituição e organização de alguns projetos de EJA. Foram bolsistas de IC as estudantes de pedagogia Priscila Márcia da Silva Soares, Aline Rodrigues da Costa e Rafaela Carla e Silva Soares. Ao final da pesquisa anterior sobre a mesma temática, havíamos constatado que seria de extrema importância investigar, também na perspectiva dos educandos, os sentidos e significados atribuídos por eles aos trabalhos desenvolvidos pelos projetos, considerando que eles constituem figuras centrais na sua elaboração (ARROYO, 2006). Com o financiamento do CNPq, busquei responder algumas questões: quais são as especificidades da EJA em relação a outras modalidades de educação? Como caracterizá-las? Como defini-las?

Em publicação datada de 1987, intitulada *Ensino supletivo no Brasil: o estado da arte*, Sérgio Haddad já salientava a importância dos educadores em redefinir o seu espaço próprio, bem como as características específicas da educação de adultos.

> Reconhecia-se que a atuação dos educadores de adultos, apesar de organizada como sistema próprio, reproduzia de fato as mesmas ações e características da educação infantil, considerando o adulto como um ignorante, que deveria ser atualizado com os mesmos conteúdos formais da escola primária, e reforçando o preconceito contra o analfabeto (HADDAD, 1987, p. 13).[43]

Buscando compreender em profundidade a afirmação de Haddad de que a EJA precisava "redefinir o seu próprio espaço", principalmente por meio da investigação das suas características específicas, é que identificamos e analisamos, com base no que foi apreendido dos projetos pesquisados, o conjunto de características da EJA: o legado da educação popular; a diversidade dos sujeitos;

---

[43] Para uma discussão sobre o tema, ver: GALVÃO; DI PIERRO, 2007.

as propostas curriculares diferenciadas; os recursos didáticos; a formação do educador; e a elaboração de políticas públicas. Os resultados dessa pesquisa foram apresentados no 59ª Encontro da Sociedade Internacional de Educação Comparada[44] e publicados no periódico *Archivos Analíticos de Políticas Educativas/ Education Policy Analysis Archives* (SOARES; SOARES, 2014).

Outra pesquisa, desenvolvida desde 2014, busca compreender como as especificidades da educação de jovens e adultos têm sido identificadas e consideradas nas escolas públicas, uma vez que elas podem ser tomadas como indicadores dos saberes necessários à formação do educador de jovens e adultos. Com o apoio do CNPq, o objetivo dessa pesquisa é analisar em que medida, e de que modo, as ações de EJA desenvolvidas em escolas públicas da Região Metropolitana de BH consideram as especificidades que caracterizam o campo. São bolsistas de IC, nessa pesquisa, o estudante do curso de Letras, Michael Evangelista do Nascimento, e a estudante de pedagogia, Letícia Costa de Oliveira. Em uma primeira etapa da pesquisa, mapeia-se a oferta quantitativa de EJA em vinte e quatro municípios da região, no que diz respeito ao número de estudantes atendidos, número de professores e número de escolas. Com base na análise dos projetos pedagógicos das escolas, no que há publicado sobre essas instituições nesses municípios e nas consultas a moradores, estudantes, professores e gestores, foram selecionadas cinco escolas, de municípios distintos, para ser realizada a etapa qualitativa.

Essa breve descrição dos projetos de pesquisa, que desenvolvo em quase duas décadas de atuação na FaE/UFMG, revela os aspectos que têm sido aprofundados com mais recorrência em minha produção acadêmica. Destaco, aqui, três eixos que têm se mostrado mais presentes nesse processo de produção do conhecimento: a expansão e a diversificação da oferta de EJA;

---

[44] Trabalho apresentado no CIES, realizado em Washington, Estados Unidos, em março de 2015.

a formação do educador para essa modalidade de educação; a identificação e a análise, por meio do estudo de experiências (de projetos e de escolas públicas), a que denomino de especificidades da EJA. Hoje, ao revisitar essa trajetória, vejo muito nitidamente o quanto a minha produção acadêmica guarda estreita relação com as próprias demandas históricas, sociais e políticas, observadas para a educação de adultos no país nas últimas décadas. Essa produção está ainda estreitamente relacionada à constituição e consolidação da EJA como campo de conhecimento no interior da área de educação e, também, no conhecimento e reconhecimento do professor de EJA por meio da sua formação, que tem por base o entendimento e a percepção dos seus alunos: cidadãos com uma trajetória de experiência de vida, tendo em vista a faixa etária que frequenta a EJA – afinal, muitos retornam à escola depois de terem passado pela escola da vida ao constituírem família ou pelas responsabilidades exigidas durante a juventude e/ou a fase adulta, quando não frequentam-na pela primeira vez. Embora haja os que ainda se alfabetizarão, não podemos aplicar o mesmo método praticado às crianças na fase de alfabetização, uma vez que a experiência e a maturidade ainda não as acompanham. Assim, é preciso educar-se para educar, respeitando a bagagem de conhecimentos já assimilados até então. Para isso, urge que a formação desse profissional ocupe lugar de destaque na escola, que deve valorizá-lo como uma categoria necessária e indispensável na educação de jovens e adultos.

Grupos de pesquisa e as atividades de extensão

Logo que ingressei na Faculdade de Educação como professor, integrei-me ao Grupo de Estudos em Educação de Jovens e Adultos. Nesse momento, a constituição de grupos e núcleos de pesquisa se tornara uma tendência comum nas universidades, aglutinando pesquisadores em torno de temáticas afins. A

EJA, seguindo essa tendência, passava a ser vista não apenas como uma arena de experiências práticas e projetos políticos, mas também como campo específico de produção do conhecimento, o que contribuía para a realização de pesquisas na área. No grupo de estudos, discutíamos também nossa atuação na habilitação em EJA do curso de Pedagogia e no Programa de Extensão de Educação Básica para Jovens e Adultos da UFMG.

Com a aprovação da LDB 9394/96, o que era Ensino Supletivo passou a ser Educação de Jovens e Adultos, extensiva a todos aqueles que não haviam concluído seus estudos no nível fundamental. O que era apenas um ensino – com base na mera reposição de conteúdos – herdou uma concepção alargada de educação como processo mais amplo de formação. Essa nova visão da EJA implicaria na ressignificação do atendimento ofertado por estados e municípios. Foi nesse período que a Secretaria de Educação do Estado de Minas Gerais solicitou, ao nosso Grupo de Estudos da UFMG, um curso de atualização para os professores da rede.

Organizamos o curso introduzindo a discussão do significado da passagem conceitual de supletivo para EJA e as bases históricas da educação de adultos e da educação popular. Em seguida, em grupos divididos por disciplinas, trabalhamos os efeitos dessa nova configuração nos conteúdos escolares. Foi interessante perceber a resistência de alguns professores a essa nova concepção, uma vez que já haviam incorporado e cristalizado as práticas de suplência anteriores – como "passar o conteúdo" sem muita discussão, aplicar provas e apurar os resultados sem muita preocupação com aqueles que não conseguiam assimilá-lo.

Da mesma forma, a Secretaria de Educação de Betim solicitou o acompanhamento do nosso grupo de estudos na elaboração da proposta de EJA[45] para o município. Participei

---

[45] Ver: BETIM..., 1996.

ainda da formulação da proposta de EJA para o município de Contagem, que recebeu a denominação de Projeto Coruja.

Em outro convite, fui surpreendido de maneira muito positiva por um relato de um professor no Encontro de Formação de Alfabetizadores do Pronera. Discutindo a formação continuada como um processo que associa reflexões teóricas e práticas pedagógicas, e debatendo se era ou não importante ensinar a assinar o nome logo no início da alfabetização, um dos alfabetizadores presentes nos relatou que, ao começar seu curso de alfabetização com trabalhadores do campo, na região do Jequitinhonha, ouvia, com insistência e ansiedade, os pedidos dos alfabetizandos para que lhes fosse ensinado, de imediato, a assinar o nome. Ele respondeu que eles aprenderiam, mas ao longo do curso, pois ainda estavam no seu início. Dada a angústia que alguns apresentaram durante as primeiras aulas, o alfabetizador teve uma ideia: treinou todos para "desenhar" o próprio nome. Em seguida, entregou a cada um deles uma folha contendo algo escrito e uma linha abaixo para que treinassem a assinatura. Percebeu o quanto alguns demonstravam satisfação por conseguir "desenhar" o nome. Recolheu as folhas assinadas e prosseguiu com o processo de alfabetização. Tempos mais tarde, quando alguns já apresentavam certo avanço na leitura, entregou as folhas em que eles haviam "desenhado" o nome e pediu que colocassem novamente o nome abaixo do anterior. Quando alguns conseguiram ler o que estava escrito acima, recusaram-se a assinar e a devolver o papel. Disseram que não concordariam em "passar seus bens para o professor", conforme estava escrito na folha. Dessa forma, o educador havia conseguido que eles entendessem o porquê de buscar discutir a importância da leitura da palavra, mais do que um gesto puramente mecânico, nos dizeres de Freire.

Destaco esse momento como de grande aprendizagem para mim. Pensei no quanto aquela atividade aparentemente simples, desenvolvida pelo educador em condições limitadas, continha um potencial reflexivo que estava nas bases das nossas discussões no campo da EJA, pois havia possibilitado àqueles trabalhadores do campo refletir sobre a função da leitura e da escrita em suas vidas.

Do ingresso na FaE até 2005, atuei como assessor pedagógico do Projeto de Ensino Fundamental (Proef II), antigo Projeto Supletivo criado em 1986. Participava sistematicamente das reuniões de formação dos educadores, discutia questões relativas à realização do projeto e participava da organização de eventos promovidos pela equipe.

Destaco ainda os seminários decenais que comemoraram a existência do programa, que, em 2016, completou 30 anos de sua criação. A cada década, foram organizados seminários para marcar a data e dar alguns passos à frente no que se refere à história construída e aos desafios a serem enfrentados. O período de preparação do Primeiro Seminário Universidade e Educação de Jovens e Adultos, que comemorou os dez anos do projeto, foi antecedido por vários momentos, sendo um deles um "encontrão" durante todo o dia no Colégio Dom Bosco, em Cachoeira do Campo, Distrito de Ouro Preto, que reuniu estudantes, graduandos, coordenadores de áreas e funcionários do Centro Pedagógico. Outro momento, que o antecedeu, foi uma longa reunião de final de semana em Lavras Novas, também Distrito de Ouro Preto, para a sistematização da proposta do projeto, na qual substituímos o antigo Projeto Supletivo pelo Projeto de Ensino Fundamental (Proef II).[46]

O Seminário Universidade e Educação de Jovens e Adultos[47] reuniu, na UFMG, várias experiências de educação de adultos

---

[46] Os professores Maria da Conceição Ferreira Reis Fonseca, Ana Maria Simões, Júlio Emílio Diniz Pereira e eu elaboramos, em 1996, em formato de livreto, a proposta do projeto intitulado Programa de Educação Básica de Jovens e Adultos (mimeo).

[47] A programação do Primeiro Seminário Universidade e Educação de Jovens e Adultos, bem como a gravação de todas as mesas e sessões, encontram-se no acervo da biblioteca da Faculdade de Educação da UFMG.

que estavam em curso no país naquele momento. O professor Timothy Ireland apresentou o Projeto Escola Zé Peão[48] destacando seu aspecto inovador: a universidade se deslocava até as salas de aula, nos canteiros de obra, para desenvolver a alfabetização de trabalhadores da construção civil de João Pessoa. A coordenadora do Serviço de Educação de Jovens e Adultos de Porto Alegre (Seja), Liana Borges, expôs o processo de construção da política pública para aquele município. Estiveram presentes no seminário representantes de fóruns de EJA recém-criados, socializando o período preparatório para a V Conferência Internacional de Educação de Adultos (Confintea). Ao final do seminário, em uma sessão solene de formatura de mais uma turma do projeto, o orador incluiu em seu discurso a reivindicação dos estudantes de ampliar o atendimento da educação de adultos para o ensino médio. O reitor da UFMG, professor Tomaz Aroldo da Mota Santos, presente na formatura, assumiu, juntamente com o então diretor da Faculdade de Educação, professor Neidson Rodrigues, o compromisso de fazer gestão junto aos órgãos colegiados no sentido de atender àquela solicitação.

A promessa foi cumprida no ano seguinte com a criação do Projeto de Ensino Médio para Jovens e Adultos, no prédio do Colégio Técnico da UFMG. Com a expansão, a UFMG passou a ter um Programa de Educação Básica para Jovens e Adultos, atendendo desde o processo de alfabetização (Proef I), passando pelo ensino fundamental (Proef II), até o ensino médio (Pemja).

Em 2006, uma vez que o projeto teve continuidade, realizou-se o II Seminário Universidade e Educação de Jovens e Adultos, em comemoração aos seus 20 anos. Por fim, durante o ano de 2015, houve uma preparação intensa com coordenadores, monitores e funcionários técnico-administrativos, que culminou na

---

[48] Ver: <http://www.sintricomjp.com.br/projeto-escola-ze-peao/>.

realização do III Seminário Universidade e Educação de Jovens e Adultos, em comemoração aos 30 anos do projeto.

Na UFMG, o Grupo de Estudos em EJA se ampliou e ganhou mais visibilidade dentro da instituição, transformando-se no Núcleo de Educação de Jovens e Adultos (Neja).[49] Essa iniciativa contou também com os esforços do professor Júlio Emílio Diniz-Pereira e da professora Maria da Conceição Ferreira Reis Fonseca. Particularmente no caso da EJA, essa tendência caracteriza o momento de sua configuração como campo de estudos e pesquisas.

No Neja da UFMG, a ideia de criar uma revista surgiu nesse momento, mas sem muito entusiasmo devido ao árduo trabalho de manter um periódico. No entanto, em 2008 as forças convergiram para a execução desse difícil e desafiador passo. Nesse cenário, decidimos iniciar a publicação da *Revista de Educação de Jovens e Adultos* (Reveja), editada pelo Neja sob minha coordenação. O crescimento de estudos e pesquisas em educação de jovens e adultos necessitava ser acompanhado por canais que dessem maior visibilidade a essa expansão, facilitando o acesso dessa produção aos seus leitores em potencial. Tínhamos uma equipe formada quase que exclusivamente por estudantes do mestrado e do doutorado. À medida que o tempo passava, essas pessoas iam sendo substituídas por outras, que seriam motivadas e convencidas a trabalhar. Mesmo com as incertezas, resolvemos lançar os primeiros números da *Reveja*. A receptividade foi muito boa. O primeiro número foi especial, com artigos de pesquisadores, professores e militantes de referência na educação de jovens e adultos, como Sérgio Haddad, Miguel Arroyo, Timothy Ireland, Jane Paiva, Osmar Fávero, Vera Masagão Ribeiro, Paulo Carrano, Cláudia Vóvio e Sônia Feitosa. Criamos uma comissão editorial e, a partir deste número, começaram a chegar artigos e relatos de experiências a

---

[49] Para uma discussão sobre o tema, ver: GIOVANETTI, 2000.

serem submetidos à publicação. A *Reveja* existiu por dois anos e publicou cinco números. Conforme previsto, precisaríamos de uma boa estrutura para prosseguir com a publicação. Durante sua vigência, essas condições não foram alcançadas, resultando na interrupção da revista no final de 2009.

A existência desses periódicos na história evidencia que um corpo de pesquisadores está se consolidando e se constituindo referência em diferentes temáticas no campo da EJA.

Atuação como parecerista e editor de periódicos especializados, agências de fomento, congressos e livros

Estar na pós-graduação também é acompanhar a produção do conhecimento na área da educação e, em especial, na educação de jovens e adultos. Isso significa que, desde 1996, atuo com o objetivo de realizar minhas próprias pesquisas, orientar pós-graduandos em suas temáticas, participar de defesas e assumir a função de parecerista de periódicos e de eventos científicos.

Tenho atuado, como parecerista *ad hoc*, em diversos periódicos da área de educação, entre eles: *Educar em Revista*; *Proposições*; *Educação em Revista*; *Educação e Realidade*; e *Revista Brasileira de Educação*. Por se tratarem de publicações com alta avaliação dentro do sistema brasileiro de qualificação, o olhar do parecerista tende a ser criterioso com relação à fundamentação teórica, à discussão e ao aprofundamento dos resultados. Os convites que tenho recebido para emissão de parecer não se circunscrevem somente à educação de jovens e adultos, mas incluem, também, temáticas que tangenciam a EJA, como a educação popular analisada no âmbito da história da educação. Percebe-se o incremento na produção sobre a formação do educador. Uma breve análise revela que a busca pela educação de qualidade tem sido associada à preocupação com uma melhor preparação do profissional que irá trabalhar com jovens e adultos.

Ainda como parecerista *ad hoc*, analisei trabalhos inscritos para serem apresentados à Sociedade Brasileira para o Progresso da Ciência (SBPC), ao Congresso de Leitura e Escrita (Cole), ao Encontro Nacional de Didática e Práticas de Ensino (Endipe), à Associação Nacional de Pós-Graduação e Pesquisa em Educação (ANPEd) e ao Seminário Nacional de Formação de Educadores de Jovens e Adultos (SNF). Os eventos citados acima têm características próprias que necessitam ser consideradas no momento da análise e emissão de pareceres. Enquanto a SBPC, o Cole, o Endipe e o SNF têm como objetivo divulgar os trabalhos na área e socializar o que está sendo produzido, a ANPEd, por outro lado, requer uma análise mais rigorosa, dado o número reduzido de apresentações e a exigência de ineditismo do trabalho. Ao longo dos anos, tenho acompanhado um número crescente de trabalhos inscritos, o que corresponde à expansão das pesquisas que têm sido realizadas na pós-graduação no Brasil. Da mesma forma, nota-se uma abrangência maior das temáticas, que têm ido além das políticas públicas e da alfabetização, voltando-se também para a direção dos sujeitos, currículos, prática pedagógica e formação do educador de jovens e adultos. Essa variedade de áreas de estudo tem efeito direto nas abordagens teórico-metodológicas. Do ponto de vista do adensamento teórico, nota-se uma pulverização de concepções e autores: por um lado, observa-se um esforço em estabelecer diálogos com outras áreas; por outro, nota-se que Paulo Freire se mantém como referência comum a todas as temáticas.

A participação como parecerista de projetos tem me permitido analisar propostas de pesquisas encaminhadas à Fundação de Amparo à Pesquisa de Minas Gerais (Fapemig), ao Conselho Nacional de Desenvolvimento Científico e Tecnológico (CNPq) e à Coordenação de Aperfeiçoamento de Pessoal de Nível Superior (Capes), para serem desenvolvidas e viabilizadas tanto no Brasil quanto no exterior. Constato que, a cada ano, um número maior de propostas é encaminhado para análise, o que me leva a afirmar que o corpo de pesquisadores está se firmando na busca de compreender em profundidade os fenômenos da área. Percebo, ainda, o estabelecimento de vínculos com grupos e colaboradores estrangeiros que possibilitam o intercâmbio e a realização de pesquisas interinstitucionais. No caso da EJA, vivencia-se a retomada de relações de estudos e pesquisas após certo isolamento experienciado no período das ditaduras na América Latina.

Tenho atuado também no trabalho de editoria em veículos de socialização da produção acadêmica da área de educação e, particularmente, da EJA. Destaco aqui a minha atuação como membro do conselho editorial do periódico *Educação em Revista* no período de 1998 a 2002. Destaco, ainda, a experiência como coordenador, desde 2005, da coleção Estudos em EJA,[50] da Autêntica Editora. Essa atuação é de fundamental importância quando consideramos que, na área das ciências humanas, as pesquisas tendem a ser socializadas em livros, sejam eles autorais ou coletâneas.

Além de socializar os resultados das minhas pesquisas em publicações individuais e/ou em coautoria, também participei da organização de obras coletivas. Em 2000, assumi a organização de um dossiê da EJA (SOARES, 2000), que foi publicado na *Educação em Revista*. Reuni textos de seis núcleos de EJA constituídos – quatro em universidades (UFPB, UFRGS, UERJ e UFMG) e dois em ONGs (Ação Educativa e Instituto Paulo Freire) – e os analisei na apresentação do dossiê.

O campo da educação de jovens e adultos carece de periódicos próprios. Várias têm sido as tentativas de estabelecer um veículo de disseminação e interlocução entre educadores, formadores, pesquisadores e interessados na área em geral. A *Revista Alfabetização e Cidadania*, editada pela Rede de Apoio à Ação Alfabetizadora do Brasil (Raaab), foi um periódico de referência que circulou entre 1994 e 2006 e se constituiu importante veículo

---

[50] A coleção completa encontra-se disponível no site: <https://grupoautentica. com.br/autentica/colecoes/8>.

de socialização de experiências, de sistematização de práticas e de disseminação de princípios e ideias por parte de pesquisadores, gestores de políticas, representantes de movimentos sociais, educadores e educandos no campo da EJA. A revista *Fênix*, bilíngue, editada pelo professor João Francisco de Souza, da Universidade Federal de Pernambuco (UFPE), circulou entre 2000 e 2007. Foi uma tentativa de interlocução da produção brasileira com a da América Latina, em um periódico que pautou a educação popular e a educação de jovens e adultos. A Ação Educativa mantinha o boletim Informação em Rede, que socializava as notícias no campo da EJA, bem como as defesas, as publicações e os eventos.

Gestão e participações em colegiados

Ao longo da minha trajetória acadêmica, também tenho atuado na gestão de projetos, núcleos, instâncias administrativas, comissões e órgãos colegiados.

Como já relatado em outro momento deste texto, fui coordenador do Projeto Supletivo de Ibirité antes de entrar para a universidade. Depois que ingressei na UFMG, auxiliei na coordenação do Projeto de Educação de Adultos desde sua criação, em 1986, até 1995, ano em que fui coordenador geral. De 1997 a 2002, mantive minha atuação junto ao projeto como assessor pedagógico, acompanhando as reuniões entre monitores e professores e a relação desses com os estudantes da EJA.

Participei da coordenação colegiada do GT de EJA da ANPEd, juntamente com Sérgio Haddad e Jane Paiva, nos primeiros anos de sua criação (1998 e 1999), e, durante os anos de 2000 a 2002, fui coordenador dessa instância acadêmica. Nesse período, participei de reuniões entre a diretoria da ANPEd e os coordenadores de GT com o objetivo de planejar e organizar as reuniões anuais da associação.

Estive na coordenação do Fórum Mineiro de EJA desde a sua fundação, em 1998, até 2005. Reuníamo-nos mensalmente em uma secretaria colegiada para planejar a plenária mensal, que acontecia em espaços relacionados às instituições que o compunham, como nos auditórios da Secretaria Municipal de Educação de Belo Horizonte, da UFMG, da UEMG, do Sesi, de escolas particulares e de igrejas.

Assumi a vice-chefia do Departamento de Administração Escolar nos anos de 2004 a 2006. Mensalmente, o departamento se reúne para discutir pontos de pauta relacionados à vida acadêmica de seus professores, bem como questões administrativas. Participei, como representante do departamento, dos colegiados de pedagogia de 1998 a 1999, e de Licenciatura nos períodos 1997 a 1998, e em 2002.

Desde minha entrada na Pós-Graduação em Educação – Conhecimento e Inclusão Social – em 1996, tenho participado do colegiado do programa. De 1997 a 2006, fui representante da linha Educação, Cultura, Movimentos Sociais e Ações Coletivas. Estar no colegiado é acompanhar o cotidiano do programa e tomar decisões coletivas no que diz respeito aos assuntos relacionados: aos estudantes da pós, como o processo de seleção, as bolsas e os prazos; aos docentes, como vagas, disciplinas na pós, orientação e defesa; e à direção da unidade, à Reitoria e à Capes. O trabalho também exige dedicação aos aspectos administrativos e organizativos do programa, possibilitando um olhar panorâmico sobre as linhas de pesquisa.

Nosso programa tem como prática realizar uma avaliação, além daquela já prevista pela Capes, com o objetivo de "ouvir" uma leitura de pares externos. Ao longo dos anos, acompanhei várias dessas avaliações, ora como membro do colegiado, ora como membro da coordenação, e pude perceber como o coletivo do programa foi "escutando" e incorporando as observações apontadas.

Além da participação no colegiado da pós, contribuí para a criação da Comissão de Acompanhamento Discente em 2008. Após percebermos o quanto a reunião quinzenal do colegiado se ocupava de questões relacionadas aos estudantes, decidimos criar uma instância auxiliar que subsidiasse as decisões a serem tomadas pelo órgão. Dessa forma, instituiu-se uma comissão formada por um representante docente, um representante discente, a vice-coordenação e a secretaria do programa. A comissão tem auxiliado em questões delicadas que envolvem a relação discente/docente no que diz respeito às orientações e aos prazos estipulados pelo programa.

Assumi em 2009, junto ao professor Bernardo Jefferson de Oliveira, a vice-coordenação do programa. Nosso desafio era manter o compromisso histórico e a qualidade reconhecida da pós-graduação da Faculdade de Educação. À época, o programa estava organizado em nove linhas de pesquisa, com cerca de sessenta professores e aproximadamente quatrocentos e cinquenta estudantes de mestrado e doutorado. Alguns bons hábitos coletivos já haviam sido implantados, como a ideia de realizar a abertura do semestre em conjunto com os demais programas de pós da UEMG, da PUC-MG e do Cefet-Minas. Professores e estudantes das instituições envolvidas passaram a se encontrar para socializar investigações concluídas e em andamento no campo da educação em um mesmo território. Compartilhar objetos de pesquisa e questões teórico-metodológicas passou a ser um definidor de quem seria convidado a proferir a aula inaugural a cada semestre.

Como desdobramento dessas ações, surgiu a ideia de realizar, anualmente, encontros de pesquisas entre os programas envolvidos. Enquanto vice-coordenador, assumi a representação do nosso programa na organização do I Encontro dos Pesquisadores em Educação dos Programas de Pós-Graduação de Belo Horizonte, realizado na UFMG em junho de 2009,[51] com apoio da Fapemig. Essa iniciativa desencadeou ações de solidariedade: enquanto um programa providenciava o local da realização do evento, por exemplo, outro se incumbia de custear

---

[51] *Caderno de Programação*. I Encontro dos Pesquisadores em Educação dos Programas de Pós-Graduação em Belo Horizonte. UFMG, PUC-Minas, Cefet-MG, UEMG. 19 e 20 de junho de 2009.

as passagens e a hospedagem do palestrante, e outro de pagar o pró-labore. Na direção contrária à disputa e à competitividade existentes entre programas, pudemos usufruir a colaboração que o conjunto dos programas proporcionava.

Ainda como vice-coordenador, participei de reuniões na pró-reitoria de pós-graduação, nas quais discutíamos a política de pós-graduação no interior da UFMG e do Fórum Nacional de Programas de Pós-Graduação em Educação (Forpred), quando essa política era debatida em âmbito nacional. Dessas reuniões, resultaram o aumento de bolsas para os estudantes de pós e o aumento do número de bolsistas de produtividade (PQ) da área de educação no CNPq.

Consta da proposta do nosso programa uma atividade coletiva realizada quinzenalmente, denominada Quarta na Pós. Atendendo a uma reivindicação de reunirmos discentes e docentes para debater questões relacionadas à educação e às nossas pesquisas, é agendado, com antecedência, um calendário semestral com os temas a serem discutidos e os respectivos convidados. De 2009 a 2011, participei das Quartas na Pós, juntamente com o coordenador, nos momentos em que se discutiam o cotidiano do programa. Durante dois anos consecutivos, elaboramos o Relatório Capes, lançando as atividades realizadas pelas quais somos avaliados. Ao final de nossa gestão, a Capes divulgou a avaliação do triênio, e o nosso programa, antes qualificado com a nota 6, obteve nota 7.

Atuei também na comissão para acompanhamento docente, cuja função é subsidiar o colegiado nas questões relacionadas ao ingresso e recadastramento dos docentes. A composição dessa comissão tem sido historicamente formada por ex-coordenadores e/ou ex-vice-coordenadores do programa, e se justifica dada a experiência acumulada dos participantes a cada gestão.

A experiência internacional no pós-doutorado em Illinois

Depois de um longo período de imersão em diversas frentes do trabalho universitário, havia chegado a hora de dar uma pausa reflexiva e direcionar a vida acadêmica para novos desafios. Há tempos, cultivava o desejo, o interesse e a necessidade de ter uma experiência mais aprofundada no exterior. Conciliei essa tríade e decidi realizar o segundo pós-doutorado em um Programa de Pós-Graduação em Educação de Adultos, na Northern Illinois University (NIU), de agosto de 2012 a julho de 2013, com bolsa da Capes. Havia conhecido o professor Jorge Jeria, meu supervisor, no Seminário Internacional: Universidade e Educação Popular, em 1994, em João Pessoa. Voltamos a nos encontrar em 1997, em Hamburgo, na V Confintea, onde nos aproximamos e pudemos conversar sobre nossos trabalhos e pesquisas. Em 2009, encontramo-nos novamente durante a VI Confintea, em Belém, e abordamos a possibilidade de trabalharmos em colaboração nos Estados Unidos. O professor Jeria escreveu sua tese de doutorado sobre Paulo Freire na Iowa State University em 1984, dando origem ao trabalho "Vagabond of the obvious: a biobibliographical presentation of Paulo Freire". Ao ler a pesquisa, fiquei impressionado com os dados biográficos que o professor Jeria conseguiu reunir em um período da história do Brasil no qual pouco se falava de Paulo Freire. Somente anos mais tarde, em 1996, Moacir Gadotti organizaria uma obra intitulada *Paulo Freire: uma biobibliografia*, que seria lançada por Paulo Freire ainda em vida.

A pesquisa realizada nesse segundo pós-doutorado teve como objetivo inicial compreender como estava organizada, de modo geral, a educação de adultos nos Estados Unidos. Em um segundo momento, busquei compreender práticas pedagógicas direcionadas a esse público em diferentes espaços educativos. Realizei entrevistas e observações no Community College que organizava a educação de adultos na região da NIU e em três instituições a ele vinculadas: uma escola pública, uma igreja presbiteriana e uma associação comunitária.

Além das atividades de pesquisa, acompanhei dois cursos (Social Movements e Adult Education) oferecidos pelo professor Jeria na pós-graduação e participei das reuniões do colegiado do Programa de Pós-Graduação. De forma privilegiada, além de me inteirar das pautas das reuniões, pude ter uma convivência mais próxima com os professores daquela instituição e compreender a lógica de funcionamento das universidades norte-americanas. Também assisti a defesas de tese, entre elas o trabalho de uma das orientandas do professor Jeria sobre as contribuições de Paulo Freire na formação do docente do ensino superior.

No período em que realizei o pós-doutorado, conheci outras universidades, como a University of Illinois, em Urbana-Champaign, e a University of Wisconsin, em Madison. Nesta última, tive a oportunidade de apresentar minha pesquisa em um curso sobre Paulo Freire, ministrado anualmente por meu colega da UFMG, professor Júlio Emílio Diniz-Pereira. Na ocasião, o professor Kenneth Zeichner fez uma apresen-

A experiência internacional no pós-doutorado em Illinois

tação de suas últimas pesquisas sobre justiça social (Pereira; Zeichner, 2008). Pude constatar o interesse e o envolvimento de estudantes estadunidenses e de outros países pelas ideias e obras de Paulo Freire.

Em Chicago, participei, com o professor Jeria, da comemoração dos quarenta anos de fundação de uma escola que tem um importante papel na organização e resistência da comunidade de Porto Rico, que mora na região, às investidas que os Estados Unidos exercem para anexá-lo ao território americano.

Ter realizado o pós-doutorado quase duas décadas após a conclusão do meu doutorado em um país como os Estados Unidos, possibilitou, além do adensamento teórico-metodológico e do conhecimento/reflexão acerca de outras realidades empíricas da EJA, a vivência, em várias dimensões, do cotidiano de uma universidade pública norte-americana e o estabelecimento de vínculos com grupos de pesquisa de universidades estrangeiras, o que tem aberto novos horizontes no processo de internacionalização de minha atuação.

Outras dimensões de atuação no campo da EJA

Nesta parte do memorial, destacarei algumas dimensões da minha atuação profissional que extrapolam a atuação como professor e pesquisador do ensino superior. Refiro-me à minha participação em eventos que contribuíram, ao mesmo tempo, para a minha formação e para a configuração do campo da EJA no Brasil.

Seminário Universidade e Educação Popular

Em 1994, participei do IV Seminário Internacional: Universidade e Educação Popular, realizado na Universidade Federal da Paraíba (UFPB), em João Pessoa. O objetivo do evento foi oportunizar o intercâmbio de experiências entre universidades, de forma a ampliar e aprofundar o aporte teórico-metodológico acumulado em torno da educação popular. Os seminários anteriores aconteceram em 1990, no Chile, e em 1991 e 1993 no Brasil, no Rio Grande do Sul e em Santa Catarina, respectivamente. Foi uma oportunidade de conhecer autores e pesquisadores latino-americanos renomados, como

Oscar Jara, Diego Palma, Rosa Maria Torres, Marco Raúl Mejía e Jorge Jeria; com alguns deles, viria a estabelecer contatos permanentes. Nesse evento, apresentei um trabalho intitulado "O difícil reconhecimento de um direito" (1994b), no qual abordei o não cumprimento do artigo da CF de 1988, que proclamava o direito de todos à educação.

Ao sistematizar, neste texto, a sequência de eventos ocorridos no campo da EJA, vejo que o ano de 1996 pode ser considerado um marco histórico na configuração da educação de jovens e adultos, dada a particularidade dos fatos ocorridos ao longo daquele ano. Primeiramente, destaco a realização do Seminário Internacional Escolarização e Educação de Jovens e Adultos no Memorial da América Latina, em São Paulo, que resultou no surgimento dos fóruns estaduais de EJA e na realização do Encontro Nacional de Educação de Jovens e Adultos em Natal. Foi também o ano da criação do GT de EJA na ANPEd e da aprovação da LDB 9394/96. Ainda nesse ano, entrei na Faculdade de Educação e ingressei no Programa de Pós-Graduação em Educação.

Seminário Internacional no Memorial da América Latina

Um dos porquês de se considerar o ano de 1996 de grandes impulsos para a EJA, em minha opinião, deve-se à realização do Seminário Internacional de Educação e Escolarização de Jovens e Adultos no Memorial da América Latina. Cito, pelo menos, três aspectos importantes para o desenvolvimento desse campo. Em primeiro lugar, pelo tratamento de alto nível a uma temática que, historicamente, sempre esteve à margem. Reuniram-se, em São Paulo, experiências brasileiras e internacionais que possibilitaram interações entre pesquisadores, intelectuais, professores e estudantes da educação de adultos.

Em segundo lugar, pela presença de Paulo Freire no evento, que proferiu a palestra de encerramento com o tema "Desafios da educação de adultos ante a nova reestruturação tecnológica".[52] Durante o seu discurso, Paulo Freire fazia pausas e afirmava: "Mudar é difícil"; e continuava a ler o texto que havia escrito para o evento. Adiante, dava outra pausa e repetia a mesma expressão: "Mudar é difícil". Chegando ao final do texto, retomou a afirmação repetida e complementou: "Mudar é difícil, mas é possível". Essas palavras, pronunciadas em um momento tão decisivo na trajetória da EJA, marcaram-me significativamente.

O terceiro fato a destacar nesse encontro ocorreu durante o discurso do saudoso professor peruano José Pepe Rivero, quando este divulgou, em público, a V Confintea, que se realizaria no ano seguinte em Hamburgo, Alemanha. Não há registro de ter ocorrido, nas edições anteriores das Confintea,[53] um movimento tão intenso de preparação para o evento, com a realização de encontros estaduais e regionais que resultaram em um encontro nacional. Esse processo, que contou com a participação tanto dos movimentos sociais e das universidades quanto dos representantes dos municípios – que já haviam estabelecido políticas públicas de atendimento à EJA após o processo de redemocratização –, impulsionou a organização desses atores, até então dispersos, em torno dos Fóruns de Educação de Jovens e Adultos, visando à participação na V Confintea.

Conferência Internacional de Educação de Adultos (Confintea)

V Confintea

Outro evento que teve significativo impacto, tanto para a construção da minha trajetória quanto para a configuração

---

[52] Texto publicado inicialmente nos Anais do Encontro Internacional de Educação de Adultos, em 1996. Após a morte de Freire, foi publicado também em *Pedagogia da Indignação*, em 2000.

[53] Em 1949, em Eisenhower, Dinamarca; em 1960, em Montreal, Canadá; em 1972, em Paris, França; em 1984, em Tóquio, Japão.

do campo da EJA no Brasil, foi a V Confintea realizada em Hamburgo, na Alemanha.

As Confintea são organizadas pela Unesco. Com a criação da Organização das Nações Unidas (ONU) após o fim da II Segunda Guerra Mundial, foram instituídos alguns organismos em torno de temáticas afins, como a Organização das Nações Unidas para Alimentação e Agricultura (FAO), responsável pela alimentação; o Fundo das Nações Unidas para a Infância (Unicef), responsável pela promoção e defesa dos direitos de crianças e adolescentes; e a Organização das Nações Unidas para a Educação, a Ciência e a Cultura (Unesco), responsável pelos assuntos de ciências, educação e cultura. A primeira Confintea, realizada em 1949, ocorreu, portanto, no contexto do início da Guerra Fria, um momento em que se buscava intervenção, sobretudo nos países do hemisfério sul, para superar os altos índices de analfabetismo que os caracterizavam.

Em 1997, a V Confintea teve como tema "Educação de Adultos, a chave para o século XXI". A concepção de educação como processo de formação ao longo da vida foi um marco teórico, superando as ideias de suprimento e de educação compensatória presentes nas conferências anteriores.

> A educação de adultos engloba todo o processo de aprendizagem, formal ou informal, onde pessoas consideradas "adultas" pela sociedade desenvolvem suas habilidades, enriquecem seu conhecimento e aperfeiçoam suas qualificações técnicas e profissionais, direcionando-as para a satisfação de suas necessidades e as da sua sociedade. A educação de adultos inclui a educação formal, a educação não formal e o espectro da aprendizagem informal e incidental disponível numa sociedade multicultural, onde os estudos baseados na teoria e na prática devem ser reconhecidos (CONFERÊNCIA..., 1998).

Os temas contemplados na V Confintea refletiram as questões pautadas mundialmente pelo campo da educação de adultos no final do século: a alfabetização de adultos como uma realidade a ser enfrentada em países da América Latina, da África e de parte da Ásia; o fortalecimento e a integração das mulheres como uma necessidade emergente nas últimas décadas do século; a cultura da paz e a educação para a cidadania e para a democracia como desafios assumidos desde a criação da ONU; a diversidade e a igualdade no que se refere aos direitos das minorias; a saúde na relação com a educação como ação preventiva; a sustentabilidade ambiental, destacando-se a consciência e a educação para o meio ambiente; a educação e a cultura de povos indígenas e nômades compreendidos como sujeitos autônomos; as transformações na economia como realidade que tensiona o mundo globalizado; o acesso à informação como direito; e, por último, o tema dos idosos, com as especificidades de uma população crescente mundialmente.

O significado importante da V Confintea para o campo da EJA se deve, em minha opinião, ao impulso que ela produziu na organização da área no Brasil. Além da Declaração de Hamburgo (1997) e da Agenda para o Futuro (1998)[54] constituírem documentos de referência na área, a V Confintea, como já referido, desencadeou um processo de mobilização dos diversos segmentos envolvidos com a educação de jovens e adultos. Antes da conferência, houve uma etapa preparatória durante os anos 1996 e 1997, na qual foram realizados encontros de EJA estaduais e regionais, sendo encerrada com um encontro nacional na cidade de Natal.

Naquele momento, dado o baixo grau de articulação do campo, nem todos os estados realizaram encontros estaduais preparatórios para a V Confintea. A chamada era para os segmentos que desenvolviam alguma atuação no campo da EJA, como os governos municipais, estaduais e federal, as ONG, os movimentos sociais, as universidades, as centrais sindicais e o

---

[54] Ver: CONFERÊNCIA..., 1998.

sistema "S". Nos encontros regionais, iniciou-se uma articulação mínima entre os atores envolvidos na EJA, mas foi no encontro nacional, em Natal, que se atingiu o ápice dessa mobilização. O processo foi conduzido pela Comissão Nacional de EJA juntamente com o MEC.

A abertura do encontro nacional, que teve a presença de delegações de todos os 26 estados brasileiros e do Distrito Federal, foi, no entanto, surpreendente, pois o Ministério da Educação valeu-se da representatividade presente e lançou o Programa Alfabetização Solidária. Tornou-se um momento polêmico e marcado por contradições. Esperava-se, no encontro, reunir as discussões ocorridas em cada estado com o objetivo de elaborar um documento nacional que apresentas-se um diagnóstico da educação de jovens e adultos, além de proposições. O fato de o governo apresentar um programa de maneira surpreendente, sem o conhecimento dos representantes estaduais, gerou um clima tenso que prevaleceu por todo o encontro. Na plenária de encerramento, discutiu-se e aprovou-se um documento final que, ao ser encaminhado ao ministro Paulo Renato, foi alterado com a justificativa de que a EJA no Brasil estava em um estágio mais avançado do que o apresentado no documento. Como reação ao processo que resultou no documento aprovado, a coordenadora da Educação de Adultos, Consuelo Jardon, foi destituída do cargo. Depois disso, a Comissão de Educação de Jovens e Adultos não foi mais convocada pelo Ministro da Educação.

O Programa Alfabetização Solidária foi lançado como uma ação inovadora por envolver governo, universidades e empresários. Para iniciar o programa, foram selecionados os municípios brasileiros que apresentavam as maiores taxas de analfabetismo, localizados nas regiões Nordeste e Norte do país. Contraditoriamente, seriam as universidades do Sul e do Sudeste que assumiriam a alfabetização nesses municípios. Após serem selecionados, os alfabetizadores se deslocavam até uma

Outras dimensões de atuação no campo da EJA

dessas universidades para um curso preparatório de um mês. Ao retornarem às suas cidades, desenvolviam as atividades de alfabetização durante cinco meses. Cada alfabetizador recebia uma bolsa, como uma ajuda de custo mensal de, na época, R$ 200,00. Como afirmam Haddad e Di Pierro (2000),

> [...] o PAS teve uma expansão rápida que parece estar associada à engenhosa parceria envolvendo o cofinanciamento pelo MEC, empresas e doadores individuais, a mobilização de infraestrutura, alfabetizandos e alfabetizadores por parte dos governos municipais, e a capacitação e a supervisão pedagógica dos educadores realizadas por estudantes e docentes de universidades públicas e privadas (HADDAD; DI PIERRO, 2000, p. 108-130).

Ao ser lançado sem maiores discussões, o programa foi alvo de críticas pelo fato de, entre outras diretrizes, estabelecer um curto período para o processo de alfabetização e encarregar as universidades do Sul e Sudeste para acompanhar os programas, excluindo as do Norte e Nordeste, como se nessas regiões não houvesse capacidade instalada para assumir as ações de formação e de acompanhamento dos alfabetizadores. O professor Celso Beisiegel (1997) já havia criticado essa posição, adotada por parte da elite brasileira, de nunca reconhecer o direito à educação dos jovens e dos adultos – pelo contrário, sempre criou barreiras para que as pessoas em condição de analfabetismo não fizessem jus a esse direito. Como prova disso, Beisiegel menciona a entrevista dada ao *Jornal do Brasil* pelo Ministro da Educação, José Goldemberg, no governo Collor:

> O grande problema de um país é o analfabetismo das crianças e não o dos adultos. O adulto analfabeto já encontrou o seu lugar na sociedade. Pode não ser um bom lugar, mas é o seu lugar. Vai ser pedreiro, vigia de prédio, lixeiro ou seguir outras profissões que não exigem alfabetização. Alfabetizar o adulto não vai mudar muito sua posição dentro da sociedade e pode até perturbar. Vamos concentrar

nossos recursos em alfabetizar a população jovem. Fazendo isso agora, em dez anos desaparece o analfabetismo (*Jornal do Brasil*, 22 ago. 1991).

Após a realização do Encontro Nacional, a etapa seguinte para a participação na Confintea foi a Reunião Preparatória Regional dos Países da América Latina e Caribe, realizada em Brasília em 1997. Participaram delegações de todos os países, o que nos proporcionou uma visão panorâmica de como estava a educação de jovens e adultos na região.

Para a V Confintea, a mobilização pressionou e garantiu uma delegação representativa dos segmentos[55] que se incumbiam da EJA no país. Foi evidente que o número dos interessados em participar do evento em Hamburgo era muito superior à pequena delegação indicada. Assim, muitos – inclusive eu – dispuseram-se, por conta própria, a custear sua participação na conferência.

Convivi e convivo com professores, pesquisadores e pessoas interessadas em pesquisar a EJA que, depois de certo tempo, redirecionam sua vida para outras temáticas. No meu caso, considero que ter ido à Alemanha em 1997 e ter participado da V Confintea significou um encontro com o que eu realmente gostaria de trabalhar e dedicar meu foco de pesquisa e atuação. Ter acompanhado sessões de discussão das mais diferentes temáticas associadas à educação de adultos, ter conhecido grupos de distintas regiões do mundo e ter visualizado uma imensa diversidade de povos presentes no evento me ajudou a perceber uma vitalidade do campo da educação de adultos em nível internacional.

Entre as atividades das quais participei, duas se destacaram por razões distintas. Uma foi a apresentação da educação de

---

[55] A delegação oficial do Brasil foi composta por representantes de cinco instituições/segmentos: Ministério da Educação, Consed, Undime, universidades e ONGs.

adultos no Brasil por Cláudio de Moura Castro, que distribuiu algumas cópias de seu texto em inglês e procurou situá-lo em três momentos: o primeiro, classificado por ele como ideológico, dizia respeito aos anos 1950 e 1960, quando Paulo Freire procurou fazer um trabalho político com a alfabetização de adultos; o segundo, de fechamento político, tratava da ditadura militar durante as décadas seguintes; e o terceiro, o período de democratização, tratava do empenho de milhares de trabalhadores em estudar por meio de um programa de educação a distância, chamado Telecurso 2º Grau, patrocinado pela classe empresarial brasileira. Assim como eu, outros brasileiros presentes à sessão ouviram sua exposição sem a possibilidade de intervir. Naquele instante, senti o quanto teríamos que avançar, capacitando-nos e nos fortalecendo para argumentar e confrontar nessas situações.

A segunda atividade que destaco foi a homenagem a Paulo Freire realizada pela Unesco. Freire havia falecido no Brasil em maio daquele ano de 1997, e dada a sua importância e conhecimento pelo que foi e representava, uma sessão exclusiva o homenageou, com a participação de intelectuais, líderes e professores presentes. O Ministro da Colômbia – e não alguém da delegação brasileira – fez a saudação, destacando a importância internacional de Freire.

A V Confintea significou um importante avanço no campo da EJA no Brasil. Primeiramente, porque tratou a educação de adultos como uma problemática mundial. Depois, porque atraiu a atenção das instituições e daqueles que, no Brasil, estavam envolvidos com a EJA, fazendo-os acompanhar, influir e incorporar os resultados da conferência. A Agenda para o Futuro, documento final do evento, foi amplamente divulgado, discutido e incorporado a vários projetos e propostas em municípios e nas ONGs.

Devido ao clima tenso e às discordâncias ocorridas na fase preparatória à conferência, o Ministério da Educação não tomou mais a iniciativa de convocar reuniões ou encontros para a discussão da EJA no Brasil. A política de EJA passou a ser conduzida por meio do Programa Alfabetização Solidária, e a Coordenação da Educação de Adultos retornou à condução tímida e restrita em relação ao movimento de EJA que havia crescido no país.

Após a conferência, sem poder contar com o MEC, o movimento em torno da EJA que havia surgido no Brasil buscou interlocução com os demais órgãos e entidades presentes na Confintea, como a Unesco, o Conselho Nacional de Secretários de Educação (Consed), a União Nacional dos Dirigentes Municipais de Educação (Undime) e as ONGs, que convocaram, para Curitiba, o primeiro encontro de EJA depois da conferência. Nesse encontro, o professor Pepe Rivero teve papel fundamental ao constatar que a realização daquele encontro mostrava que era possível dar continuidade ao movimento de EJA mesmo sem a presença e o apoio do Ministério da Educação.

Dessa forma, iniciou-se, de maneira independente, um processo de articulação desses segmentos que se dava, no âmbito dos estados, por meio dos fóruns – como será detalhado adiante –, e, em âmbito nacional, pela realização anual do Eneja.

VI Confintea

A VI Confintea foi realizada no Brasil em 2009, patrocinada pela Unesco. Mas qual é o significado disso para uma área que, historicamente, sempre esteve à margem dos acontecimentos e da política nacional? Que contribuições e que impactos o evento teve sobre o desenrolar da EJA nos anos seguintes?

Desde que foi decidido que a VI Confintea seria realizada no Brasil, deu-se início a um intenso movimento de preparação desse que seria o maior evento da área a ser realizado em terras brasileiras. Pela primeira vez, a Unesco realizaria uma Conferência de Adultos no Hemisfério Sul. Enquanto o governo brasileiro, juntamente com a Unesco, tomava providências para decidir qual cidade sediaria esse importante evento, a Secadi iniciou a elaboração de um documento base, a ser discutido nacionalmente, sobre o diagnóstico e as ações de EJA. Fiz parte da comissão de elaboração desse documento, e, a cada encontro regional, discutia-se e incorporava-se alterações e proposições no texto base.

Para a VI Confintea, o campo de EJA apresentava mais de uma década de mobilização e articulação, o que resultou em uma participação mais ativa por parte dos diversos atores envolvidos com a área nas etapas preparatórias. Foram organizados encontros estaduais de EJA em todos os estados, considerando o texto base como desencadeador das discussões. Em seguida, realizaram-se encontros regionais e, por último, em 2008, um encontro nacional em Belém, mesmo local da Confintea, quando as discussões dos regionais foram reunidas em um único documento final.

Esse documento foi apresentado na Reunião Regional Preparatória, que aconteceu no México no mesmo ano. Diferentemente do que ocorreu na V Confintea, dessa vez o governo brasileiro respeitou e assumiu as decisões deliberadas em um evento nacional. Participaram dessa reunião preparatória os representantes de todos os fóruns estaduais de EJA. Estive presente nessa ocasião como observador da Unesco.

A VI Confintea representou, mais uma vez, o conhecimento geral das ações, propostas e reflexões teóricas em torno da educação de adultos no mundo. Possibilitou, ainda, a interlocução com representantes da área de vários países e uma articulação mais ampla entre os diversos segmentos por ela responsáveis no Brasil, o que gerou consequências importantes. No tocante à delegação brasileira, o número de representantes na VI Confintea foi muito superior ao da anterior. Contribuiu o fato de ter sido realizada em solo brasileiro, mas o motivo que levou à tamanha delegação foi o grau de mobilização e articulação atingido pelo campo da EJA naquele período da nossa história.

Mais uma vez, impressionou-me o lugar ocupado por Paulo Freire no cenário internacional. Assim como na Confintea anterior, Freire foi homenageado com um vídeo sobre sua vida. Outro momento de destaque da conferência foi a apresentação de Paul Belanger sobre o tema "Da Retórica à Ação Coerente". O professor canadense retomou os compromissos firmados nos últimos eventos internacionais e convocou os organismos governamentais a partir para a ação. Seu discurso já repercutira no Fórum Internacional da Sociedade Civil (Fisc), realizado antes da Confintea.

Seminário Nacional de Formação

Foi com a intenção de demarcar a necessidade de tornar central o tema da formação de educadores de jovens e adultos no debate da EJA que, em 2006, realizamos o Primeiro Seminário Nacional de Formação de Educadores de Jovens e Adultos (Arroyo, 2006) em Belo Horizonte, organizado pelas seguintes universidades mineiras: UFMG, UFOP, UFV, UFJF, UFSJ, UEMG, além de contar com apoio do MEC e da Unesco. A ideia desses seminários surgiu na reunião do segmento das universidades no VII Eneja, realizado no Distrito Federal em 2005. Como uma das propostas finais do encontro, discutiu-se e decidiu-se por encaminhar, ao Ministério da Educação, a realização de um seminário temático sobre a formação do educador de jovens e adultos.

Constatávamos naquele momento que, entre os desafios apresentados para a EJA no seu processo de configuração como campo de estudo e de atuação, a discussão mais aprofundada era sobre a formação do educador de jovens e adultos. Os avanços ocorridos na área nas últimas décadas nos levavam a considerar que era necessário estender a formação do educador de jovens e adultos para além do curso de Pedagogia, pois ainda era (é) comum ouvirmos: "Qualquer um que saiba ler sabe e pode alfabetizar". Influenciados por nossas origens, marcadas pelas ações da educação popular e em sintonia com as formulações das conferências internacionais, esperávamos que educadores e estudiosos do tema contribuíssem com a configuração dessa área para que ela não continuasse, segundo Arroyo (2006), como "lote vago", "terra sem dono", onde tudo se pode e "qualquer um põe a mão".

Organizamos o I Seminário em torno de cinco temas: a configuração do campo da EJA; a formação inicial da EJA; a formação continuada da EJA; a pesquisa sobre formação na EJA; e a extensão como espaço de formação. Na Plenária Final, elaboramos e discutimos um documento (DI PIERRO, 2006) de sistematização e contribuição do seminário para o tema. Em avaliação, consideramos positivo o fato de termos reunido grupos e núcleos que desenvolviam a formação do educador de jovens e adultos no Brasil. No entanto, o tempo não foi suficiente para que se discutisse, em profundidade, as ações e os desafios apresentados. Assim, decidiu-se por verticalizar os debates nos seminários futuros.

Decorridos quase dez anos do I SNF, podemos afirmar que pouco se avançou em relação ao primeiro ponto destacado em seu documento final:

> A posição ainda marginal ocupada pela EJA no interior das políticas públicas faz com que não contemos com diretrizes de formação de educadores ou com centros educativos especialmente dedicados a essa formação. É preciso identificar as especificidades que delineariam o perfil do educador de jovens e adultos, a partir das quais possam ser definidas as diretrizes de sua formação, ainda em construção (SOARES, 2006, p. 281).

Essa necessidade se tornou ainda mais urgente após a criação, em 2007, do Fundo de Manutenção e Desenvolvimento da Educação Básica e de Valorização dos Profissionais da Educação (Fundeb),[56] que incorporou a educação dos jovens e adultos como parte de sua política.

---

[56] Diferentemente do que prescrevia o Fundef, que era exclusivo para o ensino fundamental, o Fundeb incorporou a educação infantil e o ensino médio.

Organizei, ainda, o livro *Formação de educadores de jovens e adultos* (2006), que reuniu os textos apresentados no Primeiro Seminário Nacional de Formação do Educador de Jovens e Adultos, bem como o documento final do evento, realizado em maio de 2006, em Belo Horizonte. Escrevi a apresentação do livro, situando em que contexto foi possível realizar um evento voltado especificamente para debater a formação do educador de EJA, com apoio do Ministério da Educação e da Unesco.

Em 2008, dando continuidade ao Seminário de Belo Horizonte, realizou-se, em Goiânia, o II Seminário Nacional de Formação de Educadores de Jovens e Adultos,[57] com o tema "Os desafios e as perspectivas da formação de educadores". O seminário teve como objetivo refletir e apontar diretrizes acerca dessa formação no Brasil. Apresentei o trabalho "Avanços e desafios na formação do educador de jovens e adultos" em uma das sessões do evento.

Em 2010, realizou-se em Porto Alegre o III Seminário Nacional de Formação de Educadores de Jovens e Adultos,[58] sobre o tema "Políticas Públicas de Formação de Educadores em Educação de Jovens e Adultos". Em uma mesa-redonda, pude apresentar e discutir os resultados da pesquisa que acabara de concluir: "As especificidades na formação do educador de jovens e adultos: um estudo sobre propostas de EJA".

Em 2012, realizou-se, em Brasília, o IV Seminário Nacional de Formação de Educadores de Jovens e Adultos, cujo tema foi "Processos formativos em EJA: práticas, saberes e novos olhares". No período de realização desse seminário, eu estava ausente do país, em estágio pós-doutoral nos Estados Unidos.

Em 2015, foi realizado na Unicamp o IV Seminário Nacional de Formação de Educadores de Jovens e Adultos.[59]

---

[57] Ver: SEMINÁRIO..., 2008.

[58] Ver: SEMINÁRIO..., 2010.

[59] Ver: SEMINÁRIO..., 2015.

Organizado por universidades paulistas – Unicamp, UFSCar, USP, Unesp e Unifesp –, o evento teve como tema a formação de educadores de jovens e adultos na perspectiva da educação popular. Participei de uma das sessões de comunicação do evento, apresentando o trabalho "A formação de educadores e as especificidades da educação de jovens e adultos em propostas de EJA", juntamente com minha ex-bolsista de iniciação científica e orientanda de mestrado, Rafaela Carla e Silva Soares.

Os fóruns de EJA

Outra dimensão importante para a minha formação e para a história da própria EJA no Brasil refere-se à criação dos fóruns de EJA no país. As primeiras ideias em torno da necessidade de realização de fóruns foram discutidas em São Paulo em 1996, no Seminário Internacional descrito anteriormente. O processo de preparação para o anúncio da V Confintea transformou o movimento de articulação entre as diversas iniciativas de EJA, que aconteciam no Rio de Janeiro, no primeiro Fórum de EJA do Brasil.

Uma alfabetizadora popular de Minas, que havia participado de um dos encontros do Fórum do Rio, procurou-nos na universidade para que a UFMG convocasse uma reunião entre aqueles que estavam envolvidos com a EJA e propusesse a criação de um fórum nas Gerais. Foi nesse contexto que participei da criação do Fórum Mineiro de Educação de Jovens e Adultos (SOARES, 2004).

O objetivo do fórum foi agrupar atores sociais que trabalhavam com a educação de jovens e adultos. A pressão inicial surgiu de grupos populares que desenvolviam alfabetização nas periferias e estavam interessados em socializar suas experiências. Com reuniões mensais, o fórum é um espaço plural de encontro entre diversos segmentos envolvidos com a EJA, como administrações públicas, universidades, ONGs, movimentos sociais, grupos populares, iniciativas dos trabalhadores e dos empresários, educandos e educadores.

Todos os 26 estados e o Distrito Federal chegaram a constituir fóruns de EJA. Paralelamente à expansão dos fóruns estaduais, foram criados, em Minas, fóruns regionais que se reuniam frequentemente para discutir as questões relacionadas à EJA: Leste, Oeste, Norte, Zona da Mata, Triângulo Mineiro, Vale das Vertentes e Fórum dos Inconfidentes. A existência dos fóruns está em sintonia com a Agenda para o Futuro estabelecida na V Confintea:

> Desenvolver a educação de adultos exige uma ação de parceria entre os poderes públicos em diferentes setores, as organizações intergovernamentais e não governamentais, os empregadores e os sindicatos, as universidades e os centros de pesquisa, os meios de comunicação, as associações e os movimentos comunitários, os facilitadores da educação de adultos e os próprios aprendizes (CONFERÊNCIA..., 1998).

O lema do Fórum de EJA do Estado de Alagoas – *Articular, socializar e intervir* – sintetiza os objetivos desse movimento. Os fóruns têm desempenhado um papel político-pedagógico e de formação de extrema importância.[60] O espaço de participação plural visa criar uma "articulação" entre as múltiplas instituições envolvidas com a EJA. Durante os encontros, são realizadas trocas de experiências, possibilitando uma socialização do que se tem experimentado e produzido na diversidade de iniciativas de EJA. Dos encontros entre os atores, resulta o fortalecimento entre os protagonistas, visando à "intervenção" na proposição de políticas educacionais de jovens e adultos.

Entre essas intervenções, destaco a importante participação dos fóruns na discussão e proposição das audiências

---

[60] A pesquisa de mestrado de Fernanda Rodrigues Silva, intitulada "Tópicos em história recente da EJA: a formação pela vivência e convivência nos fóruns regionais mineiros" e orientada por mim na UFMG em 2008, buscou investigar a dimensão formativa dos fóruns.

Outras dimensões de atuação no campo da EJA

públicas convocadas pelo Conselho Nacional de Educação sobre as Diretrizes Curriculares Nacionais para a Educação de Jovens e Adultos. A Constituição Federal de 1988 havia contemplado o direito de todos à educação, e a LDB regulamentou esse direito nos Artigos 37 e 38, em 1996. O CNE passou, então, a receber consultas no que se refere aos procedimentos para efetivar a garantia do direito expresso na Constituição. Dessa maneira, delegou ao conselheiro Carlos Roberto Jamil Cury, em 1999, a incumbência de elaborar um parecer a respeito da matéria a ser apreciada e votada em plenário. Em maio de 2000, a Câmara de Educação Básica do CNE aprovou o Parecer 11/2000 e, em 3 de julho do mesmo ano, o Pleno do CNE aprovou a Resolução 1/2000 estabelecendo as Diretrizes Curriculares Nacionais para a Educação de Jovens e Adultos. A aprovação das diretrizes foi recebida como um grande avanço no campo da EJA, principalmente se comparada às diretrizes anteriores, de autoria do conselheiro Valnir Chagas, Parecer 699/71, do CFE, intitulado "A doutrina do Ensino Supletivo". No entanto, críticas foram feitas no sentido de que, do modo como a EJA tinha sido tratada nas diretrizes, parecia cumprir uma função regularizadora que poderia inibir a sua dimensão emancipadora, tendo em vista que sua origem está associada à educação popular. O artigo "A educação de jovens e adultos em tempos de exclusão" (2001), do professor Miguel Arroyo, publicado na revista *Alfabetização e Cidadania*, tece várias críticas às Diretrizes de EJA.

A convite do editor da DP&A, organizei, em 2002, um livro sobre as Diretrizes Curriculares Nacionais para a Educação de Jovens e Adultos recém-aprovadas pelo Conselho Nacional de Educação em 2000. Ao abordar as DCN para a EJA como tema de reflexão, escrevi um texto contextualizando o momento histórico em que foram elaboradas, apontando pontos positivos e críticos das diretrizes. O livro apresenta ainda os documentos do I e do II Encontro Nacional de

Educação de Jovens e Adultos, realizados, respectivamente, no Rio de Janeiro em 1999 e em Campina Grande, Paraíba, em 2000.

Tive a oportunidade de participar da criação de alguns fóruns estaduais, como o Fórum do Estado de Mato Grosso, o Fórum do Estado de Goiás, o Fórum do Estado de Tocantins, o Fórum do Estado da Bahia, o Fórum do Estado de Pernambuco e o Fórum do Estado do Amapá. Em outros, estive como convidado para proferir palestras sobre temas diversos relacionados à EJA, como aconteceu nos fóruns de Alagoas, Paraíba, Rio Grande do Norte, Paraná, Santa Catarina, Rio Grande do Sul, Espírito Santo e Rio de Janeiro. Simultaneamente ao surgimento dos fóruns, passaram a ser organizados os Eneja.

Os Eneja

Os fóruns alimentavam os encontros nacionais, que produziam subsídios e deliberavam formulações políticas importantes para os rumos da EJA no Brasil. Estive presente nos momentos de preparação, de realização e de avaliação do primeiro ao quinto Eneja.

Participei seguidamente das edições dos Eneja Rio/1999, Campina Grande/2000, São Paulo/2001, Belo Horizonte/2002, Cuiabá/2003, Porto Alegre/2004, Recife/2005, Faxinal do Céu-PR/2006, Luziânia-GO/2007 e Rio de Pedras-RJ/2008. A regularidade com que os Eneja têm sido realizados expressa o fortalecimento e o crescimento do campo da EJA no Brasil. Enquanto no primeiro Eneja Rio/1999 estiveram presentes três fóruns estaduais, no Eneja de Recife/2005 todos os fóruns se fizeram representados (Unesco/MEC, 2004). Trata-se de um dado histórico significativo. Iniciativa semelhante só aconteceu em setembro de 1963, quando se reuniram, em Recife, mais de oitenta grupos no Encontro Nacional de Alfabetização e Cultura Popular (SOARES; FÁVERO, 2009a). No Quadro I, é possível visualizar as temáticas centrais de cada evento realizado.

No I Encontro Nacional de Educação de Jovens e Adultos (Eneja), realizado no Rio de Janeiro em 1999, fiz parte da equipe responsável por sistematizar em relatório[61] o que foi debatido no evento. Também participei da produção do relatório[62] do II Eneja, realizado em Campina Grande em 2000.

Quadro I

Encontros Nacionais de Educação de Jovens e Adultos

Evento	Data	Local	Temática
I Eneja	1999	Rio de Janeiro/RJ	Em busca de uma política integrada de educação de jovens e adultos: articulando atores e definindo responsabilidades
II Eneja	2000	Campina Grande/PB	Melhoria da qualidade da educação de pessoas jovens e adultas no Brasil
III Eneja	2001	São Paulo/SP	A divisão de responsabilidades entre os organismos governamentais das três esferas administrativas e as organizações da sociedade civil
IV Eneja	2002	Belo Horizonte/MG	Cenários em Mudança
V Eneja	2003	Cuiabá/MT	Educação de Jovens e Adultos – Comprometimento e continuidade
VI Eneja	2004	Porto Alegre/RS	Políticas públicas atuais para a Educação de Jovens e Adultos: financiamento, alfabetização e continuidade

---

[61] Ver: PAIVA; MACHADO; IRELAND, 2004a.

[62] Ver: PAIVA; MACHADO; IRELAND, 2004b.

VII Eneja	2005	Luziânia/GO	O papel do Estado, dos movimentos sociais e das entidades da sociedade civil organizada na construção de políticas públicas de EJA
VIII Eneja	2006	Recife/PE	EJA – Uma política de Estado: avaliação e perspectivas
IX Eneja	2007	Faxinal do Céu/PR	A atualidade do pensamento de Paulo Freire e as políticas de EJA
X Eneja	2008	Rio das Ostras/RJ	História e memória dos Encontros Nacionais dos Fóruns de EJA no Brasil: 10 anos de luta pelo direito à educação de qualidade social para todos
XI Eneja	2009	Belém/PA	Identidades dos fóruns de EJA do Brasil: conquistas, desafios e estratégias de lutas
XII Eneja	2011	Salvador/BA	Educação de Jovens e Adultos: entre o marco da Cidadania e da Emancipação Humana
XIII Eneja	2013	Natal/RN	Políticas públicas em EJA: conquistas, comprometimentos e esquecimentos
XIV Eneja	2015	Goiânia/GO	Concepções de educação popular e suas interconexões com a EJA
XV Eneja	2017	Petrolina/PE	A EJA na atual conjuntura política, econômica e social: desafios e possibilidades de luta

Tive uma participação ainda mais ativa na organização do Eneja realizado em Belo Horizonte em 2002, cujo tema central foi "Cenários em mudança", em alusão ao ano eleitoral.

Dos muitos Eneja que participei, destaco um momento interessante ocorrido em Faxinal do Céu, Paraná, no ano de 2006, quando presenciei um momento de dissenso entre os representantes dos Fóruns de EJA. Estávamos em uma Plenária, quando um grupo sugeriu – como ponto de pauta – a inclusão de um número maior de representantes dos Fóruns no Seminário Nacional de Formação que seria realizado no ano seguinte em Goiânia. Os coordenadores tentavam prosseguir com a condução da Plenária e eram interrompidos, a todo instante, com o pedido – em forma de "questão de ordem" – para aprovar o aumento do número de representantes dos fóruns. A Plenária foi se estendendo e o clima foi ficando cada vez mais tenso, sem que uma solução surgisse.

Havia participado de todas as edições dos Eneja e, pela primeira vez, me deparava com uma situação que revelava disputas de poder. Nos casos anteriores, os pedidos de ponderação por parte dos presentes e das coordenações de mesa haviam sido atendidos. Naquele caso, não. No momento do impasse, a professora Maria Luiza Angelim, da UnB, fez uma importante intervenção, com a qual aprendi muito. Ela disse que estávamos ali, com matrizes de participação social distintas, segundo os segmentos que representávamos, desde professores com referências de assembleias com base no movimento sindical, até grupos populares com referências de assembleias comunitárias. Ela convidava todos os presentes a abrir mão de suas matrizes originais em prol da construção de uma terceira, capaz de contemplar aquele movimento plural. Mas ainda que seu discurso tenha sido, em minha opinião, de grande lucidez, não foi suficiente para alterar o clima de tensão.

Em determinado momento, solicitaram-me que eu fosse à frente e auxiliasse na busca de uma solução. Respondi que não adiantaria, pois outras pessoas reconhecidas como lideranças do movimento haviam tentado intervir e não haviam sido atendidas. Em tom de ironia, comentei com os que estavam ao meu redor no auditório: "Só mesmo uma intervenção de Paulo Freire, 'lá de cima', resolveria a situação". Pouco tempo depois, a luz do auditório acabou e os coordenadores da mesa, aparentemente aliviados, propuseram retomar a Plenária mais tarde. Recordo esse momento como um marco na história dos fóruns. O movimento havia crescido, eram cerca de quinhentos participantes de todos os estados brasileiros e de vários segmentos da EJA: as disputas por espaço e pelas ideias passaram a ficar mais acirradas.

A EJA na ANPEd

Como evidência do crescimento do campo da EJA, foi proposta a criação do GT de EJA – Grupo de Trabalho de Educação de Jovens e Adultos – na Associação Nacional de Pós-Graduação e Pesquisa em Educação. O incremento e o crescente aumento das pesquisas e das orientações de trabalhos que abordavam a temática da EJA nos cursos de pós-graduação no país impulsionaram a criação de um espaço que reunisse as discussões acadêmicas específicas do campo. Foi assim que a Sessão Debate, realizada durante a 20ª Reunião Anual da ANPEd, na noite do dia 22 de setembro de 1997, marcou o momento histórico da criação do Grupo de Estudos de EJA.[63]

Estavam ali reunidos, para debater o tema "Educação de jovens e adultos: desafios e perspectivas", Roseli Caldart (Iterra) e Sérgio Haddad (PUC/SP), sob a coordenação do professor Celso de Rui Beisiegel (USP). As apresentações enfatizaram a então desobrigação do Estado para com a EJA, sintetizadas na afirmação de Beisiegel: "A União progressivamente abandonou as atividades dedicadas à educação de jovens e adultos analfabetos". A Sessão Debate consolidou o interesse de pesquisadores, professores, pós-graduandos e interessados no tema em constituir o Grupo de Estudos em EJA. Tal aspiração foi apresentada, por meio de um abaixo-assinado, à Assembleia Ordinária da ANPEd daquele mesmo ano, sendo, então, aprovada a criação do GE de número 18.

---

[63] Grupo de Estudo é a etapa que antecede a criação de um Grupo de Trabalho na ANPEd. Inicialmente, a Assembleia aprova a criação temporária de um Grupo para, em um período de dois anos, funcionar com o propósito de reunir estudos, pesquisas e pesquisadores a fim de confirmar a necessidade de se criar, definitivamente, um Grupo de Trabalho permanente.

Não havia na ANPEd, até então, um espaço privilegiado que contemplasse a apresentação e a discussão dos estudos e pesquisas desenvolvidas em EJA. Os trabalhos em busca de interlocução eram inscritos nos GTs: Educação Popular, Trabalho e Educação; Movimentos Sociais e Educação; Alfabetização, Leitura e Escrita; e Estado e Política Educacional.

Constituiu-se, de início, uma coordenação colegiada composta de três membros, da qual fizeram parte Sérgio Haddad (PUC/SP), Jane Paiva (UERJ) e eu. Posteriormente, tornei-me coordenador do GT e o representei no Comitê Científico da ANPEd. Depois disso, tenho atuado como parecerista *ad hoc* do GT com frequência.

De 1998 até 2004, foram apresentadas cerca de sessenta pesquisas desenvolvidas em EJA, possibilitando uma discussão dos principais problemas encontrados na produção do conhecimento sobre o tema. O GT de EJA tem sido um estímulo para os que concluíram, ou que estão desenvolvendo pesquisas, teses ou dissertações, apresentarem seus trabalhos, alimentando uma interlocução entre os pesquisadores da área. Por duas vezes, fui convidado a realizar um balanço dos trabalhos apresentados no GT. Na primeira, em 2003, realizada em conjunto com o professor Timothy Ireland, analisamos as temáticas de maneira abrangente e identificamos de quais instituições eram os pesquisadores que submetiam trabalhos.

O segundo convite surgiu quando o GT completava dez anos de existência, em 2008. Para atender a esse convite, elaborei uma pesquisa de levantamento de todos os trabalhos que haviam sido apresentados desde a criação do GT até aquele ano. Organizamos um grupo de pesquisadores na UFMG e fizemos a leitura de todos os trabalhos. Em seguida, categorizamos os trabalhos por temáticas afins que resultaram nos seguintes temas: caracterização do aluno da EJA; alfabetização e escolarização de jovens e adultos; o direito e as políticas voltadas para esse público; as interfaces com o mundo do trabalho e da cultura; a EJA no campo;

sistematização de experiências; currículo; material didático; e formação de educadores da EJA. A análise dos trabalhos por tema resultou em um texto que aprofundou as contribuições por eles trazidas. A sessão em que esses resultados foram apresentados, durante a Reunião Anual da ANPEd, teve como debatedor o saudoso professor Nilton Bueno Fischer, da UFRGS. Após essa reunião, os textos foram reunidos em uma única publicação, intitulada *Educação de jovens e adultos: o que revelam as pesquisas* (2011). Atualmente, mais de quinze anos após a sua criação, o GT da ANPEd continua a ser uma expressão daquilo que tem sido produzido no campo e uma instância de aprofundamento teórico-metodológico para os pesquisadores da área.

A EJA no XV Encontro Nacional de Didática e Prática de Ensino (Endipe)

Em 2010, a UFMG sediou o XV Encontro Nacional de Didática e Prática de Ensino, e assumi a organização do simpósio sobre Convergências e tensões nas políticas públicas para EJA (Soares, 2010). O evento contou com a participação de Maria Clara Di Pierro (USP), Rubens Luiz Rodrigues (UFJF) e Timothy Ireland, naquele momento na Unesco.

A EJA ainda foi discutida nos simpósios sobre Desafios no campo do currículo e das práticas educativas; Processos de formação de educadores de jovens e adultos; e Educação e Juventude. No total, o Endipe recebeu 26 inscrições de trabalhos de EJA para apresentação em painel e 85 inscrições de pôsteres, o que indicava, já naquele momento, um crescimento expressivo da área.

Próximos desafios

Ponto de Partida

Tenho pra minha vida
A busca como medida
O encontro como chegada
E como ponto de partida
Sérgio Ricardo/Gianfrancesco Guarnieri

Ao concluir a escrita deste texto, pelo menos dois conjuntos de considerações podem ser realizados. Em primeiro lugar, ao revisitar e refletir sobre minha trajetória, observo o quanto o eixo das minhas preocupações esteve, na maioria dos momentos, naquilo que, anos depois, denominei de "especificidades da EJA". Em busca da sistematização e do adensamento das discussões em torno delas, algumas vezes voltei o olhar das pesquisas que realizei ou orientei para a abordagem histórica; outras vezes, me dediquei mais fortemente ao estudo sobre formação de educadores para esse público. Acredito que, com o acúmulo do que foi concluído até o momento, tenha encontrado algumas respostas para inquietações em torno da temática. Muitas pesquisas ainda precisam ser feitas para compreender a complexa realidade da EJA atualmente: em relação às políticas de atendimento; às diferentes ações pedagógicas; aos sujeitos que a frequentam; aos profissionais que nela trabalham; aos materiais didáticos para ela produzidos; e às suas articulações com o ideário da educação popular.

Assim, ao mesmo tempo em que se consolidam as políticas para a educação de jovens e adultos na realidade brasileira, é preciso compreender melhor o público que frequenta os espaços onde essa educação ocorre, não mais considerado de forma abstrata, mas encarnado em homens e mulheres concretos, negros, brancos, índios, quilombolas, jovens, idosos, religiosos e população LGBTQ+. Nesse debate, ganha importância o papel desempenhado pelo educador que atua junto a esse público. É nesse sentido que venho direcionando meu interesse para pesquisar o educador de jovens e adultos, os espaços de sua atuação e os processos de sua formação. Essas preocupações certamente se manterão como temas de minhas próprias pesquisas, a serem realizadas principalmente com o apoio da bolsa de Produtividade em Pesquisa (CNPq) e com o auxílio de estudantes de iniciação científica, mas também dos trabalhos dos meus orientandos de mestrado, doutorado e pós-doutorado. Esse processo, ao mesmo tempo que gera um acúmulo de conhecimentos e reflexões em torno da temática, possibilita a formação de pesquisadores e de profissionais para a área. Os resultados dessa produção também devem continuar a ser socializados em veículos acadêmicos, como livros,[64] e artigos em periódicos.

Esses conhecimentos e reflexões também têm sido cada vez mais discutidos com pesquisadores estrangeiros, que vivenciam outras realidades empíricas e outras tradições de pesquisa. Nessa direção, prosseguirei o caminho da internacionalização.

---

[64] Paralelamente à produção deste memorial, recebi um convite para escrever outro livro sobre um dos temas que mais tenho pesquisado nos últimos anos: a formação do educador de jovens e adultos. Certamente minha imersão histórica no campo da EJA possibilitará a escrita dessa obra, que, para mim, será a sistematização das reflexões que tenho feito sobre as bases e fundamentação teórico-metodológica necessárias à preparação do profissional da educação para trabalhar com jovens e adultos.

Os trabalhos que tenho apresentado no exterior intensificam o intercâmbio com pesquisadores latino-americanos, europeus e americanos, estabelecendo vínculos entre grupos de pesquisa.

A reconstrução da minha trajetória também me fez perceber que, nela, a produção e a socialização do conhecimento sempre estiveram vinculadas a lutas e intervenções na realidade das políticas, das práticas e da própria constituição do campo da EJA no Brasil. Essas ações decorrem desde o cotidiano como professor há mais de 40 anos (da escola básica, da graduação[65] e da pós-graduação), passando pela participação e articulação em movimentos sociais e agências, até a formulação de políticas voltadas para a EJA. A inquietação diante das desigualdades e injustiças sociais tem me conduzido a essa opção, que deve continuar a marcar minha trajetória nos próximos anos. O reconhecimento do "direito à educação" se concretiza no direito a aprender por toda a vida, o que implica que parcelas expressivas da população mais adulta tenham acesso a um processo de formação que lhes considere como sujeitos – parcelas essas que ainda são atendidas por projetos e programas de EJA, geralmente pela lógica do mercado ou de gerenciamento, com visão de educação apenas como gasto. No que diz respeito à escolarização, é possível reconhecer algumas conquistas no campo do direito. Entretanto, quando tratamos de uma concepção mais ampla de educação, estamos apenas engatinhando. É preciso avançar na concepção de direito e de educação na vida adulta

---

[65] Depois de anos buscando compreender a dura realidade dos estudantes das camadas populares, tive a intenção de dividir com a professora Sara Mourão um projeto de acompanhamento de estudantes de pedagogia. A ideia é partir do conhecimento dos(as) alunos(as) para identificar suas dificuldades, motivações e expectativas e propor um conjunto de atividades paralelas ao curso – como a visita a projetos pedagógicos, museus, teatros, cinemas, cidades históricas. Pretendemos, desse modo, ampliar e qualificar a formação dos educadores por meio da apropriação de um patrimônio sociocultural existente no estado.

para nos aproximarmos dos compromissos assumidos pelo Brasil, país signatário das Confintea. Nesse sentido, é preciso que o público da EJA se reconheça e seja reconhecido como um grupo de sujeitos portadores de direitos.

No campo das políticas, ainda convivemos com as expressões "supletivo" e "aceleração de estudos", que refletem a concepção de educação compensatória presente nas ações de EJA. É preciso avançar no campo conceitual, tendo em foco o jovem, o adulto e o idoso concreto como sujeitos de direitos, e não de favores. A articulação de uma política nacional de educação de jovens e adultos em muito contribuiria para a convergência das instituições governamentais nas esferas federal, estadual e municipal, bem como dos demais segmentos envolvidos com a EJA – as universidades, os movimentos sociais, as organizações não governamentais e as iniciativas dos trabalhadores e dos empresários.

Dessa maneira, reconhecendo-me e identificando-me cada vez mais, sem delimitação de territórios, como um professor e um pesquisador da educação de jovens e adultos, prosseguirei meu engajamento procurando contribuir para que essa área ultrapasse as fronteiras das margens em que historicamente vem sendo colocada. Não estou na EJA: sou da EJA!

Referências

Livros e periódicos

ANDRADE, Carlos D. *Uma pedra no meio do caminho: biografia de um poema*. Rio de Janeiro: Editora Instituto Moreira Salles, 2010.

ANPED. Associação Nacional de Pós-Graduação e Pesquisa em Educação. Rio de Janeiro, *Boletim ANPEd*, v. 8, n. 3-4, jul/dez, 1986.

ANPED. Associação Nacional de Pós-Graduação e Pesquisa em Educação. Rio de Janeiro, *Boletim ANPEd – Lei de Diretrizes e Bases da Educação Nacional: propostas específicas e subsídios*, n. 10, 1989.

ANTUNES, Ricardo. *A rebeldia do trabalho*. Campinas: Editora da Unicamp, 1988.

ARROYO, Miguel. A educação de jovens e adultos em tempos de exclusão. *Alfabetização e Cidadania*, São Paulo, n. 11, p. 9-20, abr. 2001.

ARROYO, Miguel. A escola possível é possível. In: *Da escola carente à escola possível*. São Paulo: Edições Loyola, 1986a.

ARROYO, Miguel. A reforma na prática: a experiência pedagógica do Mestrado da FaE-UFMG. *Educação e Sociedade*, Campinas, v. 5, n. 11, 1982.

ARROYO, Miguel (Org.). *Da escola carente à escola possível*. São Paulo: Loyola, 1986b.

ARROYO, Miguel. Formar educadoras e educadores de jovens e adultos. In: SOARES, Leôncio (Org.). *Formação de educadores de jovens e adultos*. Belo Horizonte: Autêntica/Secadi/MEC/Unesco, 2006.

ARROYO, Miguel. Pedagogias em movimento: o que temos a aprender dos movimentos sociais? *Currículo sem Fronteiras*, Belo Horizonte, v. 3, n. 1, p. 28-49, jan./jun., 2003.

ARROYO, Miguel. Recuperar a humanidade roubada. In: *Ofício de mestre: imagens e autoimagens*. Petrópolis, RJ: Vozes, 2000.

BARRETO, Vera. *Paulo Freire para educadores*. São Paulo: Arte & Ciência, 1998.

BARTHES, Roland. Au séminaire. In: *O rumor da língua*. Lisboa: Edições 70, 1984.

BEISIEGEL, Celso de R. A política de educação de jovens e adultos analfabetos no Brasil. In: OLIVEIRA, Dalila (Org.). *Gestão democrática da educação: desafios contemporâneos*. Petrópolis: Vozes, 1997.

BETIM. Rede Municipal de Educação. *Projeto Político-Pedagógico para a Educação de Jovens e Adultos – Modalidade: Suplência de 5ª a 8ª série*. Betim: Rede Municipal de Betim, set. 1996 (mimeo).

BORAN, Jorge. *O senso crítico e o método ver, julgar e agir*. São Paulo: Loyola, 1983.

BRANDÃO, Carlos R. Cultura, Educação e Interação: observações sobre ritos de convivência e experiências que aspiram torná-las educativas. In: *O difícil espelho: limites e possibilidades de uma experiência de cultura e educação*. Rio de Janeiro: IPHAN, 1996.

BRANDÃO, Carlos R. *A educação popular na escola cidadã*. Petrópolis: Vozes, 2002.

BRANDÃO, Carlos R. Educação alternativa na sociedade autoritária. In: PAIVA, Vanilda (Org.). *Perspectivas e dilemas da educação popular*. Graal: Rio de Janeiro, 1984.

BRANDÃO, Carlos R. *Lutar com a palavra*. Rio de Janeiro: Graal, 1982.

BRASIL. Constituição da República Federativa do Brasil (1988). Promulgada em 05 de outubro de 1988. Disponível em: <http://www.planalto.gov.br/ccivil_03/Constituicao/Constituicao.htm>. Acesso em: 6 nov. 2018.

Referências

CAMPOS, Rogério C. *A luta dos trabalhadores pela escola*. São Paulo: Loyola, 1989.

CARVALHO, Célia P. *Ensino Noturno: realidade e ilusão*. São Paulo: Cortez, 1984.

DAYRELL, Juarez. A escola como espaço sociocultural. In: *Múltiplos olhares sobre educação e cultura*. Belo Horizonte: Editora da UFMG, 1986.

DI PIERRO, Maria C. Contribuições do I Seminário Nacional de Formação de Educadores de Jovens e Adultos. In: SOARES, Leôncio (Org.). *Formação de educadores de jovens e adultos*. Belo Horizonte: Autêntica: Secadi/MEC/Unesco, 2006.

DRUMMOND, Roberto. *Sangue de Coca-Cola*. São Paulo: Geração Editorial, 2004.

FÁVERO, Osmar. *Cultura popular, educação popular: memória dos anos 60*. São Paulo: Graal, 1983.

FÁVERO, Osmar. *Uma pedagogia da participação popular: análise da prática educativa do MEB (1961/1966)*. São Paulo: Autores Associados, 2006.

FERNANDES, Florestan. Em busca de uma sociologia crítica e militante. In: *A Sociologia no Brasil: contribuição para o estudo de sua formação e desenvolvimento*. Petrópolis: Vozes, 1977.

FONSECA, Maria da C. F. R. A elaboração da proposta curricular como processo de formação docente. *Alfabetização e Cidadania*, Brasília, n. 11, p. 75-85, abr. 2001.

FÓRUM DE POLÍTICAS MUNICIPAIS DE EDUCAÇÃO DE JOVENS E ADULTOS. Educação de jovens e adultos: subsídios para elaboração de políticas municipais. São Paulo: Cedi, 1990.

FREIRE, Madalena. *A paixão de conhecer o mundo*. Rio de Janeiro: Paz e Terra, 1983.

FREIRE, Paulo. Canção óbvia. In: *Pedagogia da Indignação: cartas pedagógicas e outros escritos*. São Paulo: Unesp, 2000.

FREIRE, Paulo. *Educação e mudança*. Rio de Janeiro: Paz e Terra, 1979.

FREIRE, Paulo; OLIVEIRA, Rosiska D.; OLIVEIRA, Miguel D.; CECCON, Claudius (Orgs.). *Vivendo e aprendendo: experiências do Idac em educação popular*. São Paulo: Brasiliense, 1980.

GABEIRA, Fernando. *O que é isso, companheiro?* São Paulo: Companhia das Letras, 1979.

GADOTTI, Moacir (Org.). *Paulo Freire: uma biobibliografia.* São Paulo: Cortez, 1996.

GALVÃO, Ana M. O.; DI PIERRO, Maria C. *Preconceito contra o analfabeto.* São Paulo: Cortez, 2007.

GIOVANETTI, Maria A. G. C. Núcleo de Educação de Jovens e Adultos: pesquisa e formação – NEJA/ UFMG: tendências e perspectivas do conhecimento no campo da EJA. *Educação em Revista*, Belo Horizonte, n. 32, p. 197-208, dez. 2000.

GOLDEMBERG, José. Agora tem professor no MEC. *Jornal do Brasil*, Rio de Janeiro, Edição 00136, Caderno 1 – Política e Governo, p. 4, quinta-feira, 22 de ago. 1991.

HADDAD, Sérgio. *Ensino Supletivo no Brasil: o estado da arte.* Brasília: Inep, 1987.

HADDAD, Sérgio. Escola para o trabalhador: uma experiência de ensino supletivo noturno para trabalhadores. In: ARROYO, Miguel (Org.). *Da escola carente à escola possível.* São Paulo, Loyola, 1986.

HADDAD, Sérgio; DI PIERRO, Maria C. Escolarização de jovens e adultos. *Revista Brasileira de Educação*, Rio de Janeiro, n. 14, p. 108-130, mai./jun./jul./ago. 2000.

HADDAD, Sérgio (Org.). *Novos caminhos em educação de jovens e adultos: um estudo de ações do poder público em cidades de regiões metropolitanas brasileiras.* São Paulo: Global Editora, 2007.

ILLICH, Ivan. *Sociedade sem escolas.* Petrópolis: Vozes, 1971.

LOPES, Eliane M. T. *Carta a uma jovem estudante.* Belo Horizonte, 1992 (mimeo).

MACHADO, Maria M. (Org.). *Formação do Educador de Jovens e Adultos: II Seminário Nacional.* Brasília: Secadi/MEC, Unesco, 2008.

MAFRA, Sérgio. *Conhecendo um Centro de Estudos Supletivos.* Brasília: MEC, 1979.

MARQUES, Francisco. *Carretel de invenções.* Belo Horizonte: Ameppe, 1993.

MÁRQUEZ, Gabriel G. *Viver para contar.* Rio de Janeiro: Record, 2003.

MELLO, Thiago de. *Faz escuro, mas eu canto*. Rio de Janeiro: Civilização Brasileira, 1985.

MOVIMENTO de Cultura Popular: memorial. Recife: Fundação de Cultura Cidade do Recife, 1986.

NIDELCOFF, Maria T. *Uma escola para o povo*. São Paulo: Brasiliense, 1978.

OLIVEIRA, Betty; DUARTE, Newton. *Socialização do saber escolar*. São Paulo: Cortez, 1985.

OLIVEIRA, Everton F. de; LOCH, Jussara M. de P.; AGUIAR, Raimundo H. A. (Org.). *Formação de Educadores de Educação de Jovens e Adultos: Anais do 3º Seminário Nacional*. Porto Alegre: Deriva, 2011.

PAIVA, Jane; MACHADO, Maria M.; IRELAND, Timothy (Orgs.). Relatório-síntese do I Encontro Nacional de Educação de Jovens e Adultos. *Educação de jovens e adultos: uma memória contemporânea, 1996-2004*. Brasília: Unesco, MEC, 2004a, p. 95-108.

PAIVA, Jane; MACHADO, Maria M.; IRELAND, Timothy (Orgs.). Relatório-síntese do II Encontro Nacional de Educação de Jovens e Adultos. *Educação de jovens e adultos: uma memória contemporânea, 1996-2004*. Brasília: Unesco, MEC, 2004b, p. 109-118.

PAIVA, Vanilda. *História da educação popular no Brasil: educação popular e educação de adultos*. São Paulo: Loyola, 1973.

PALUDO, Conceição. Educação popular. In: STRECK, Danilo; REDIN, Euclides; ZITKOSKI, Jaime (Orgs.). *Dicionário Paulo Freire*. Belo Horizonte: Autêntica, 2008, p. 157.

PEREIRA, Júlio E. D.; ZEICHNER, Kenneth (Orgs.). *Justiça social: desafio para a formação de professores*. Belo Horizonte: Autêntica, 2008.

PETITAT, André. Itinerário de leitura de um sociólogo da educação: de um mito a outro. *Teoria & Educação*, Porto Alegre, n. 3, p. 143-150, 1991.

PINTO, Álvaro V. *Sete lições sobre educação de adultos*. São Paulo: Cortez, 1982.

RESENDE, Márcia S. *A geografia do aluno trabalhador: caminhos para uma prática de ensino*. São Paulo: Loyola, 1986.

RIBEIRO, Darcy. *Maíra*. Rio de Janeiro: Civilização Brasileira, 1976.

SKIDMORE, Thomas. *Brasil: de Getúlio a Castelo (1930-1964)*. Rio de Janeiro: Paz e Terra, 1975.

SOARES, Leôncio *et al*. A vida do aluno-trabalhador orientando a prática pedagógica em uma proposta de educação para jovens e adultos. *Educação em Revista*, Belo Horizonte, n. 18/19, p. 116-119, dez. 1993/ jun. 1994a.

SOARES, Leôncio. A formação inicial do educador de jovens e adultos: um estudo da habilitação de EJA dos cursos de pedagogia. In: VINHAIS, Regina G. (Org.). *Educação como exercício de diversidade: estudos em campos de desigualdades socioeducacionais*. Brasília: Liber Livro, 2007a.

SOARES, Leôncio (Org.). *Aprendendo com a diferença*. Belo Horizonte: Autêntica, 2003.

SOARES, Leôncio (Org.). *Educação de Jovens e Adultos: Diretrizes Curriculares Nacionais*. Rio de Janeiro, RJ: DP&A, 2002.

SOARES, Leôncio (Org.). *Educação de jovens e adultos: o que revelam as pesquisas*. Belo Horizonte: Autêntica, 2011.

SOARES, Leôncio (Org.). Dossiê: Educação de Jovens e Adultos. *Educação em Revista*, Belo Horizonte, n. 32, p. 135-207, dez. 2000.

SOARES, Leôncio. *Formação de educadores de jovens e adultos*. Belo Horizonte: Autêntica: Secadi/MEC/Unesco, 2006.

SOARES, Leôncio. O educador de jovens e adultos e sua formação. *Educação em Revista*, Belo Horizonte, n. 47, p. 83-100, jun. 2008.

SOARES, Leôncio. O surgimento dos Fóruns de EJA no Brasil: articular, socializar e intervir. *Alfabetização e Cidadania*, Brasília, n. 17, p. 25-35, maio 2004.

SOARES, Leôncio; FÁVERO, Osmar (Orgs.). *Primeiro Encontro Nacional de Alfabetização e Cultura Popular*. Brasília: Secretaria de Educação Continuada, Alfabetização e Diversidade/Ministério da Educação; Unesco, 2009a.

SOARES, Leôncio; GIOVANETTI, Maria A. G. C.; GOMES, Nilma L. (Orgs.). *Diálogos na educação de jovens e adultos*. Belo Horizonte: Autêntica, 2005.

SOARES, Leôncio; SILVA, Fernanda R. Memória em forma de relatos de aula: mais que recordação, um instrumento de trabalho na formação do educador de jovens e adultos. In: SAMPAIO, Marisa; ALMEIDA,

Rosilene (Orgs.). *Práticas de educação de jovens e adultos: complexidades, desafios e propostas*. Belo Horizonte: Autêntica, 2009, p. 221-232.

SOARES, Leôncio; SILVA, Isabel O. (Orgs.). *Sujeitos da educação e processos de sociabilidade: os sentidos da experiência*. Belo Horizonte: Autêntica, 2009b.

SOARES, Leôncio; SOARES, Rafaela C. S. O reconhecimento das especificidades da educação de jovens e adultos: constituição e organização de propostas de EJA. *Archivos Analíticos de Políticas Educativas/ Education Policy Analysis Archives*, Arizona, v. 22, n. 66, p. 1-25, jun. 2014.

SOARES, Leôncio; VENÂNCIO, Ana R. Tensões, contradições e avanços: a educação de jovens e adultos em uma escola municipal de Belo Horizonte. *Educar em Revista*, Curitiba, n. 29, p. 141-156, 2007b.

SOARES, Magda. *Metamemória-memórias: travessia de uma educadora*. São Paulo: Cortez, 2001.

SPOSITO, Marília P. *Espaços públicos e tempos juvenis: um estudo de ações do poder público em cidades de regiões metropolitanas brasileiras*. São Paulo: Global Editora, 2007.

SPOSITO, Marília P. *O povo vai à escola: a luta popular pela expansão do ensino público em São Paulo*. São Paulo: Edições Loyola, 1984.

STEIN, Suzana. *Por uma educação libertadora*. Petrópolis: Vozes, 1976.

TEIXEIRA, Anísio. A escola da Bahia. Revista Brasileira de Estudos Pedagógicos, Brasília, v. 47, n. 106, p. 246-273, abr/jun. 1967.

TORRES, Carlos A. Hacia una sociologia politica de la educación de adultos: una agenda para la investigacion sobre la formacion de politicas educativas de adultos. *Revista Latinoamericana de Estudios Educativos*, v. 15, n. 3, p. 41-67, 1985.

Músicas

BARBOSA, Adoniran. *Saudosa maloca*. Intérpretes: Os Demônios da Garoa. Rio de Janeiro: Odeon, 1957. 1 vinil 10", 33 ⅓ RPM.

HOLANDA, Chico B. de. *Meu caro amigo*. São Paulo: Universal Music, 1999. 1 CD-ROM.

HOLANDA, Chico B. de. *Vai passar*. Rio de Janeiro: Philips, 1993. 1 CD-ROM.

INCRÍVEIS, Os. *Eu te amo, meu Brasil*. São Paulo: RCA Victor, 1970. 1 vinil 7", 33 ⅓ RPM.

NASCIMENTO, Milton. *Coração civil*. São Paulo: Polygram, 1989. 1 CD-ROM.

REGINA, Elis. *Upa, neguinho*. Rio de Janeiro: Philips, 1966. 1 vinil 7", 33 ⅓ RPM.

VANDRÉ, Geraldo. *Pra não dizer que não falei das flores*. Manaus: Som Livre, 2016. 1 CD-ROM.

Teses e dissertações

CAMPOS, Maria M. *Escola e participação popular: a luta por educação elementar em dois bairros de São Paulo*. São Paulo: USP, 1983. Tese (Doutorado em Educação) – Programa de Pós-Graduação em Educação, Faculdade de Filosofia, Letras e Ciências Humanas da Universidade de São Paulo, São Paulo, 1983.

CAMPOS, Rogério. *As lutas dos trabalhadores pela escola*. Belo Horizonte: UFMG, 1985. Dissertação (Mestrado em Educação) – Programa de Pós-Graduação em Educação, Faculdade de Educação, Universidade Federal de Minas Gerais, Belo Horizonte, 1985.

FERREIRA, Luiz O. F. *Ações em movimento: Fórum Mineiro de EJA – da participação às políticas públicas*. Belo Horizonte: UFMG, 2008. Dissertação (Mestrado em Educação) – Programa de Pós-graduação em Educação, Faculdade de Educação, Universidade Federal de Minas Gerais, Belo Horizonte, 2008.

HADDAD, Sérgio. *Uma proposta de educação popular no ensino supletivo*. São Paulo: USP, 1982. Dissertação (Mestrado em Educação) – Programa de Pós-Graduação em Educação, Faculdade de Educação, Universidade de São Paulo, São Paulo, 1982.

LIMA, Cristiane. *Música em cena: à escuta do documentário brasileiro*. Belo Horizonte: UFMG, 2015. Tese (Doutorado em Comunicação) – Programa de Pós-Graduação em Comunicação, Faculdade de Ciências Humanas, Universidade Federal de Minas Gerais, Belo Horizonte, 2015.

NOGUEIRA, Vera L. *Mulheres adultas das camadas populares e a especificidade da condição feminina na busca de escolarização*. Belo Horizonte: UFMG, 2001. Dissertação (Mestrado em Educação) –

Programa de Pós-Graduação em Educação, Faculdade de Educação, Universidade Federal de Minas Gerais, 2001.

OLIVEIRA, Heli S. *Jovens pentecostais e a escola noturna: significados atribuídos às experiências escolares.* Belo Horizonte: UFMG, 2000. Dissertação (Mestrado em Educação) – Programa de Pós-Graduação em Educação, Faculdade de Educação, Universidade Federal de Minas Gerais, 2000.

SANTOS, Geovânia L. *Educação ainda que tardia: a exclusão da escola e a reinserção em um programa de jovens e adultos das camadas populares.* Belo Horizonte: UFMG, 2001. Dissertação (Mestrado em Educação) – Programa de Pós-Graduação em Educação, Faculdade de Educação, Universidade Federal de Minas Gerais, 2001.

SANTOS, Maria L. *Os significados atribuídos ao processo de alfabetização na voz dos adultos.* Belo Horizonte: UFMG, 2001. Dissertação (Mestrado em Educação) – Programa de Pós-Graduação em Educação, Faculdade de Educação, Universidade Federal de Minas Gerais, 2001.

SILVA, Fernanda R. *Tópicas em história recente da EJA: a formação pela vivência e convivência nos fóruns regionais mineiros.* Belo Horizonte: UFMG, 2008. Dissertação (Mestrado em Educação) – Programa de Pós-graduação em Educação, Faculdade de Educação, Universidade Federal de Minas Gerais, Belo Horizonte, 2008.

SOARES, Leôncio. *Do trabalho para a escola: as contradições dessa trajetória a partir de uma experiência de escolarização de adultos.* Belo Horizonte: UFMG, 1987. Dissertação (Mestrado em Educação) – Programa de Pós-Graduação em Educação, Faculdade de Educação, Universidade Federal de Minas Gerais, Belo Horizonte, 1987.

SOARES, Leôncio. *Educação de adultos em Minas Gerais: continuidades e rupturas.* São Paulo: USP, 1995. Tese (Doutorado em Educação) – Programa de Pós-Graduação em Educação, Faculdade de Educação, Universidade de São Paulo, São Paulo, 1995.

Trabalhos apresentados em congresso

BEISIEGEL, Celso de R. Considerações sobre a política da União para a educação de jovens e adultos analfabetos. In: REUNIÃO ANUAL

DA ANPED, 19., 1996, Caxambu. *A política de educação no Brasil: globalização e exclusão social.* Caxambu: Anped, 1996, p. 97.

PINHO, Clarice W.; SOARES, Leôncio; VENÂNCIO, Ana R.; FERREIRA, Ariane S. O educador de jovens e adultos: um estudo sobre a habilitação de EJA dos cursos de pedagogia no país. In: REUNIÃO ANUAL DA SBPC, 59., 2007, Belém. Disponível em: <http://www.sbpcnet.org.br/livro/59ra/livroeletronico/indicejnic.html>. Acesso em: 21/11/2018.

SILVA, Fernanda. A. R.; SOARES, Leôncio. Da virtude ao conteúdo especial: saberes do cargo de professor em escolas noturnas imperiais. In: CONGRESO IBEROAMERICANO DE HISTORIA DE LA EDUCACIÓN, 11., 2014, Toluca, México. *Sujetos, poder y disputa por la educación.* Toluca: El Colegio Mexiquense, 2014, p. 559-572.

SOARES, Leôncio. A formação inicial do educador de jovens e adultos: um estudo da habilitação de EJA dos cursos de pedagogia. In: REUNIÃO ANUAL DA ANPED, 30., 2007c, Caxambu. *Anped: 30 anos de pesquisa e compromisso social.* Caxambu: Anped, 2007c, p. 319.

SOARES, Leôncio. A política de educação de adultos: a campanha de 1947. In: CONGRESSO LUSO-BRASILEIRO DE HISTÓRIA DA EDUCAÇÃO, 2., 1998, São Paulo. *Anais...* São Paulo: Faculdade de Educação/USP, 1998b. v.2, p. 67-77.

SOARES, Leôncio. A política educacional para jovens e adultos em Minas Gerais (1991-1996). In: REUNIÃO ANUAL DA ANPED, 21., 1998, Caxambu. *Conhecimento e poder: em defesa da universidade pública.* Caxambu: Anped, 1998a, p. 202.

SOARES, Leôncio. O difícil reconhecimento de um direito. In: SEMINÁRIO INTERNACIONAL: UNIVERSIDADE E EDUCAÇÃO POPULAR, 4., 1994, p. 127, João Pessoa. *Educação popular: trajetórias, impasses e perspectivas.* João Pessoa: Editora Universitária, 1995b.

SOARES, Leôncio. Um estudo sobre a educação de adultos em Minas Gerais. In: CONGRESSO LUSO-BRASILEIRO DE HISTÓRIA DA EDUCAÇÃO – LEITURA E ESCRITA EM PORTUGAL E NO BRASIL (1500-1970), 1., 1996, Lisboa. *Políticas, mentalidades, práticas educativas.* Lisboa: Sociedade Portuguesa de Ciências da Educação, 1996. P. 421-427.

Eventos

CONFERÊNCIA INTERNACIONAL SOBRE A EDUCAÇÃO DE ADULTOS, 5., 1997, Brasília. *Anais...* Brasília: MEC/SEF, 1998.

CONGRESSO NACIONAL DE EDUCAÇÃO DE ADULTOS, 2., 1958, Rio de Janeiro. *Anais...* Rio de Janeiro: MEC/SEF, 1958.

SEMINÁRIO NACIONAL DE FORMAÇÃO DE EDUCADORES DE JOVENS E ADULTOS, 1., 2006, Belo Horizonte. *Anais...* Belo Horizonte: Secadi/MEC, Unesco, 2006.

SEMINÁRIO NACIONAL DE FORMAÇÃO DE EDUCADORES DE JOVENS E ADULTOS, 2., 2008, Goiânia. *Anais...* Brasília: Secadi/MEC, Unesco, 2008.

SEMINÁRIO NACIONAL DE FORMAÇÃO DE EDUCADORES DE JOVENS E ADULTOS, 3., 2010, Porto Alegre. *Anais...* Porto Alegre: Secadi/MEC, Unesco, 2010.

SEMINÁRIO NACIONAL DE FORMAÇÃO DE EDUCADORES DE JOVENS E ADULTOS, 4., 2015, Campinas. *Anais...* Campinas: Secadi/MEC, Unesco, 2015.

Este livro foi composto com tipografia Minion e impresso
em papel Offset 75 g/m² na Gráfica Rede.